나의 글쓰기 노트

이름

휴대폰

소속

내가 제일 좋아하는 작가

마음에 남은 한 문장

고정욱의
글쓰기 수업

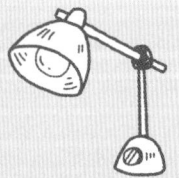

표현과 전달하기 01

# 고정욱의 글쓰기 수업

고정욱 지음

애플북스

인물 소개

재석

글쓰기를 통해 꿈을 이루고 싶은 작가 지망생이다. 학교에서 한때 불량서클에 들어가 공부를 소홀히 해서 글쓰기와 관련된 지식이 부족해 원초적이고 무지막지한 질문을 잘한다. 엉뚱하지만 그만큼 창의적인 질문을 곤잘 하기도 한다.

민성

재석의 단짝이다. 영화감독이 꿈이다. 모든 걸 영상화시키는 버릇이 있는데 가끔은 그것이 글쓰기에 도움이 된다. 하지만 제대로 된 글은 한 번도 안 써 봤다.

보담

전교 1등에 금안여고 얼짱이다. 공부를 잘해 지식은 많지만 본격적으로 글쓰기를 해본 적은 없다. 논리적이고 현학적이지만 창의적이지는 않다.

고 박사

재석이네 학교 국어 과목 김태호 선생님의 스승이다. 소설, 동화, 수필, 평론, 콩트, 시나리오, 만화, 희곡 등 장르를 가리지 않는 전방위적 작가지만 죽기 전에 시집 한 권 내는 것이 소원이다. 재석과 민성, 그리고 보담이의 글쓰기 멘토자 청소년들의 정서를 이해하려 애쓰는 작가다.

박사 고양이

고 박사의 애완 고양이다. 고 박사가 깜박깜박하는 팁들을 콕 집어 알려 주고는 시치미를 떼곤 한다.

머리말

    강연을 다니다 보면 장래 희망이 작가라는 아이들을 많이 만난다. 나는 그런 아이들에게 물어보곤 한다. 글은 얼마나 써 봤냐고. 그러면 돌아오는 대답은 십중팔구 "많이 안 써 봤어요"다.
    오 마이 갓!
    글을 많이 써 보지도 않고 작가가 되고 싶다니. 이는 마치 다양한 요리를 많이 먹어 보지도 않고 일류 요리사가 되겠다는 것과 똑같다. 글을 읽는 것은 요리를 먹어 보는 것이고, 글을 써 보는 것은 요리를 만들어 보는 것이나 마찬가지기 때문이다.
    글쓰기에 관심이 많은 청소년에게 도움이 될 만한 책을 하나 내야겠다는 생각은 아주 오래 전부터 해 왔다. 약 25년 전 나는 《글힘돋움》, 《살려쓸 우리말 4500》, 《글쓰기 백신》 등의 책을 낸 적이 있다. 그러나 이 책들은 대학생 또는 성인용이었다. 그 뒤 어떤 방식으로 써야 청소년들이 쉽게 이해하고, 오래도록 글쓰기에 대한 좋은 추억을 가질 수 있게 될까 하는 대목에선 늘 머뭇거려야 했다. 자칫하면 교과서처럼 될 것 같았기 때문이다.
    오, 교과서라니! 그건 나도 원치 않는다. 교과서에선 뭘 그리

즐거운 마음으로 배운 적이 없었으니까 말이다.

　글쓰기는 공부가 아니다. 그럼 재미난 놀이일까? 그랬으면 좋겠지만 결코 즐겁거나 재미있기만 한 것도 아니다. 글쓰기는 그저 글쓰기일 뿐이다. 삶이 그저 삶일 뿐이듯. 하지만 묵묵히 오래 열심히 연습한다고 해서 잘 쓰게 되는 건 절대 아니다. 삶이 그런 것과 똑같은 이치다.

　그래서 이 책은 청소년들이 글쓰기의 기본을 쉽게 익히고, 예문을 통해 생각의 폭을 넓히고, 연습을 통해 실제 능력을 기를 수 있도록 구성하였다. 그렇다고 해서 글쓰기에 관한 답답한 이론서처럼 읽히지는 않을 것이다. 또한 하루아침에 글쓰기 능력이 향상되는 속성 학습서처럼 특별한 비법이 담긴 책도 아니다. 글쓰기란 꾸준히 그리고 많이 해 볼수록 느는 것이기 때문에 재미있고 쉽게, 다양한 방법으로 경험할 수 있게 구성하였다.

　글이 먼저 있었고 이론이 나중에 생긴 것임을 잊지 말자. 한마디로 글쓰기에 관심이 있어도 무엇을 어떻게 써야 하는지 모르는 청소년들에게 길잡이가 되고 싶어서 만든 책이란 뜻이다. 정밀하고 딱딱한 이론을 기대하지는 마라.

　글쓰기 능력은 단기간에 완성되지 않으며 처음 배울 때 흥미를 갖고 즐겁게 배우는 것이 중요하다. 그래야만 계속 쓸 수 있게 되니까 말이다.

　흔히들 글은 작가만 쓰는 거라고 생각하지만 오, 노! 절대 그렇지 않다. 글을 쓰는 행위는 결국 나를 표현하는 행위다. 또한 개성 있는 글은 그 사람의 가치를 높여 주기도 한다. 게다가 SNS와 블로그 등에서 글쓰기가 활성화하면서 글쓰기 능력은 이제 주요한 소통 수단이 되었다.

글쓰기가 결코 쉽지만은 않겠지만 꼭 한번 도전해 나의 삶을 업그레이드시켜 볼 만한 것이라는 점을 깨달았으리라 믿는다. 그렇다면 이제 움직여 볼 때다. 부뚜막의 소금도 집어넣어야 짠 법이니까.

예문으로 사용한 글은 오래전 발표한 글 중에서 적절한 구절을 가져다 썼다. 이 책에 싣기 전에 예전 글을 다시 한 번 읽어보면서 좀 더 매끄럽게 문장을 수정하였다. 글은 자꾸 고쳐야 더 맛난 법이니까. 그리고 청소년들에게 익숙한 한국문학과 세계문학 작품 중에서 예문에 적절한 부분을 골라 실었다.

자, 그럼 즐거운 마음으로 글쓰기를 시작해보자.

2016년 여름<br>북한산 기슭에서<br>고정욱

차례

인물 소개 4

머리말 7

## 1장 글쓰기란 무엇인가?

글은 나의 생각을 표현하고 전달하는 최고의 소통 도구다 15

## 2장 무엇을 써야 하나?

1. 경험을 글로 써 보자 29

2. 키워드를 가지고 써 보자 37

3. 예상치 못한 질문에 답을 써 보자 48

4. 주어진 논제에 찬성 혹은 반대 의견을 써 보자 54

5. 통찰력을 발휘해 글을 써 보자 62

6. 인용문을 이용해 글을 써 보자 72

7. 결정적인 한 문장을 만들어 보자 82

8. 홍보문이나 추천의 글을 써 보자 94

9. 동식물이나 사물을 주인공으로 글을 써 보자 103

10. 대안을 제시하는 글을 써 보자 110

## 3장 어떻게 써야 하나?

1. 망원경과 현미경이 되어 글을 써 보자 123

2. 의식의 흐름에 따라 자동기술법으로 글을 써 보자 133

3. 인과관계 있게 글을 쓰자 142

4. 개연성이 있어야 한다 151

5. 오류가 없어야 한다 162

6. 제목을 미리 정해 놓고 글을 써 보자 168

7. 시점을 바꿔서 써 보자 177

8. 마음에 들 때까지 여러 번 고쳐 써라 190

9. 최대한 길게 쓰는 훈련을 하자 198

10. 주장이나 결론을 먼저 제시해라 208

11. 독자 수준을 고려해 써 보자 221

12. 문장을 짧게 끊어 간결하게 쓰자 231

13. 최대한 구체적으로 쓰자 240

14. 단락 구분을 습관화해라 248

15. 자료 조사를 충분히 하고 쓰자 259

16. 설명과 묘사를 적절히 섞어서 쓰자 268

마무리 글 276

글쓰기 첨삭 지도 279

# 1장
# 글쓰기란 무엇인가?

과거엔 글쓰기가 출세의 수단이었다. 《춘향전》의 이몽룡이 장원급제한 과거 시험 또한 모두 글쓰기로 출제되었다. 조선 시대에는 시를 짓고 문장을 짓게 해 가장 잘 쓴 사람에게 벼슬을 주었다고 하니 지금 생각해도 멋진 일이다. 와우!

그러나 이제 글쓰기는 출세의 도구도, 자신의 지식이나 교양을 드러내는 수단도 아니다. 누구나 글을 쓸 수 있고, 자기 생각을 기록으로 남겨 남에게 전달할 수 있는 소통의 도구가 되었기 때문이다. 블로그, SNS, 메시지 등 다양한 플랫폼이 늘 우리 곁에 있다. 한 마디로 글을 잘 쓰게 되면 남들과 더 많이 친해질 수 있고 즐겁게 소통할 수 있다. 그리고 삶 자체가 바뀐다. 도전하는 그대에게 영광 있으라!

# 글은 나의 생각을 표현하고
# 전달하는 최고의 소통 도구다

> 글쓰기가 중요하다고들 하는데 도대체 왜 골치 아프게 글쓰기를 배워야 하죠? 다른 재미난 것도 많고 많은데.

> 하하. 시작부터 질문이 센걸. 이유야 아주 간단하지. 우선은 우리가 인간이기 때문이야. 인간은 생각을 하거든. 동물과 다르지. 생각하는 데서 더 나아가 고도로 발달한 뇌로 사유하고 지능을 창출하거든.

> 인간의 뇌는 다 거기서 거기 아닌가요? 아주 뛰어난 천재가 아닌 이상 남이 쓴 글을 읽고 이해하고 공감하기만 하면 되는 거 아닌가요?

> 그렇지 않아. 사람의 뇌 모양이 비슷하게 생긴 것 같지만 절대 똑같지 않지. 사람마다 생각이 다르고 사는 방식도 다르잖니. 따라서 내 뇌의 시스템은 남과 달라야 하고,

또 다를 수밖에 없어. 그러니 내 생각을 정확하게 전달하거나 표현하고 싶다면 조리 있게 말을 하고 글을 써야 한단다.

제가 글을 써 가면 선생님이 다른 사람 것과 비슷하다고 다시 써 오래요. 왜 그런 거죠?

내가 쓴 글은 우주가 생긴 이래 처음 쓰인 것이어야 해. 그만큼 창의성이 중요하다는 거지. 누구든지 나와 비슷한 생각을 할 순 있지만 똑같은 글을 쓸 수는 없거든. 그런데 비슷하게 썼다는 건 내 글이 아니라는 뜻이지.

나는 특별하니까요.

(맙소사니요) 맞아. 생각이 있다면 누구나 글을 쓸 수 있지! 글을 쓰지 않는다면, 너는 완전 배고픈 거지~! 놀고 먹는 것만 좋아하면 배부른 꿀돼지! 배고픈 소크라테스는 오늘도 쉬지 않고 글을 쓰지~!

요~!

그렇다면 글은 언제 써야 해요?

전문 작가들은 습관 때문에 특정 시간에 글이 잘 써진다고 해. 오래 쓰다 보면 '벽(癖)'이라는 게 생기기 때문이야. 하지만 일반인들에게는 언제 잘 써진다는 벽이라는 게 아직 없지. 이건 마치 언제 생각해야 하느냐는 것과 같고, 언제 말해야 하느냐는 어리석은 질문과도 같아. 글쓰기에는 제약이 없으니까.

 아무 때나 써도 된다는 거죠?

 생각할 수 있고 집중할 수 있는 단 5분, 10분의 시간만 있어도 우리는 훌륭한 글을 쓸 수 있단다. 다음과 같을 때 쓰면 돼.

1. 쓰고 싶으면 지금 당장 글을 쓴다.
2. 글을 써야 할 상황이 생기면 언제든 글을 쓴다.
3. 좋은 생각이 떠오를 때마다 글을 쓴다.
4. 심심하고 별로 할 일이 없을 때도 글을 쓴다.

 글은 어디서 쓰나요? 작가들은 서재나 작업실 같은 게 있던데.

 글 쓰는 데 장소 제약이 있을 수는 없어. 전문 작가가 아닌 이상 그럴듯한 작업실이나 서재를 갖추고 있지 못하니까. 그래도 글을 쓸 수 있는 자신만의 공간을 확보하고 싶다면 다음과 같은 공간을 활용해 봐.

1. 지하철이나 버스 안
2. 카페나 식당
3. 길거리나 공원
4. 도서관이나 자기 책상

스마트폰도 글쓰기 수단이 될 수 있나요?

스마트폰은 훌륭한 글쓰기 노트야. 녹음하는 것도 글쓰기에 많은 도움이 되지. 스마트폰의 녹음 기능을 활용하면 돼. 장소가 마땅치 않아 글을 못 쓴다는 말은 핑계일 뿐이라고.

주로 어떤 사람들이 글을 쓰나요? 글을 쓰는 사람은 특별한 재능이 있어야 한다던데.

모든 인간은 누구든 글을 쓸 수 있어. 쓰는 것은 본능이고 써야만 해. 다음과 같은 사람들이 글을 쓰지.

1. 작가 - 시인, 소설가, 수필가 등
2. 기자나 카피라이터

3. 블로그나 홈페이지 운영자
4. 예술인, 강사, 연예인 등
5. 학생과 일반인

 일반인이요?

 그럼. 일반인. 글을 쓴다는 건 대단한 일이 아니야. 나는 글을 쓰는 것이 대단하지 않게 된 것을 환영해. 글을 쓰는 것에 어떤 권력이나 특권이 개입할 수 없게 된 거지. 옛날엔 양반들만 글을 쓸 수 있는 특권을 누렸지만. 이제는 누구나 글을 쓸 수 있어. 온 국민이 글을 써야 해. 자기 생각을 글로 정리하고, 자신의 의견을 글로 잘 표현할 수 있는 국민들로 가득하다면 우리 사회는 강력한 사회가 될 수 있을 거야.

 초중고등학교 때까지 10년이 넘게 국어를 배웠는데도 글을 한 줄이라도 쓰라고 하면 살이 떨리고 머리가 텅 빈 듯해 무슨 말을 써야 할지 모르겠어요.

 국어 교육에 문제가 있는지도 모르겠구나. 오로지 읽기와 듣기, 말하기가 중심이었지. 글쓰기는 늘 뒷전이었으니까 말이야. 전문가만이 글을 써야 한다고 여겼기 때문이기도 하지만, 학교 현장에서 학생들의 글을 봐줄 만한 선생님이 안 계시다는 것도 솔직히 글쓰기를 등한시한 이유야. 단언컨대 글은 누구나 쓸 수 있잖니. 누구나 일기를 쓰듯, 누구나 블로그나 페이스북에 글을 올리듯 원한다면 누구든지 어떠한 글도 쓸 수 있지. 다만 문제는 뭐냐?

  쓰지 않을 뿐이다!

 그렇지.

1. 글 쓰는 데 소질이 있고 없고는 중요하지 않다.
2. 더 잘 쓰고 싶다면 일정 기간 연습을 해야 한다.

Reading Text
글쓰기 예문

## 혼자 가면 정말 빨리 가나?

"혼자 가면 빨리 가지만 함께 가면 멀리 간다"고 말한다.
하지만 멀리 가면 돌아오기만 힘들지 않을까?
멀리 가는 게 중요한 게 아니라 어느 방향으로 가느냐가 중요하지 않을까?
빨리 가는 건 나쁘단 말인가?
다들 빨리빨리를 외치는데 아무 데도 안 가면 안 되나?
꼭 가야 하나? 날아가면 안 되나?
땅속으로 파고드는 건 어떨까?

이 글은 사람들이 너도나도 그럴듯하다고 여겨 생각 없이 인용하고 따라 하는 문구에 대한 내 생각을 간단하게 적어 본 글이다. 이 세상에 하나의 원칙만 있는 건 아니다. 하나의 생각만 있는 건 더더욱 아니다.

| 글쓰기 연습장 | | 년    월    일 |

1. 내가 생각하는 글쓰기란 무엇인지 써 보자. 그리고 글을 왜 쓰는지에 대해 자유롭게 적어 보자.

*글쓰기란 나를 표현하는 것이다.*

*글쓰기란 생각을 말하는 것이다.*

내가 글을 쓰는 이유는?

*1.*

*2.*

*3.*

2. 글쓰기가 부담스럽고 어렵게 느껴지는 이유는 무엇일까? 자기 생각을 적어 보자.

*나중에 생각이 더 추가될 수도 있으니 한두 줄은 비워 두었다가 또 쓰자. ^^*

3. 최근에 쓴 글은 무엇인가? 그 글을 소개해 보자.

　　일기, 편지, 소설, 시,

　　내가 최근에 쓴 글을 소개해 보자. 내용, 주제, 언제 썼는지 등

4. 글을 쓸 때 어떤 감정을 느꼈는지 써 보자.

　　가슴이 두근거린다, 행복하다, 눈물이 난다,

5. 글을 쓰는 사람과 쓰지 않는 사람은 어떤 차이가 있을까?

6. 가장 글쓰기 좋을 때는 언제인가?

　글쓰기 좋은 조건

　1.

　2.

　3.

　4.

7. 어떤 장소에서 글을 쓸 때 잘 써지는지 생각해 보고 글을 쓰기 좋은 곳을 적어 보자.

도서관

카페

내 방 책상

8. 글을 잘 쓰는 사람은 나와 어떤 점이 비슷하고 어떤 점이 다른지 적어 보자.

| 글을 잘 쓰는 사람의 특징 | 비슷한 점 | 다른 점 |
|---|---|---|
| 1. 책을 많이 읽는다. | | |
| 2. 똑똑하다 | | |
| 3. | | |
| 4. | | |
| 5. | | |
| 6. | | |
| 7. | | |
| 8. | | |

9. 내가 가장 좋아하는 명언이나 명구, 혹은 시 중에서 마음에 드는 구절을 아래에 적어 보자.

---

---

---

---

---

---

> 서툴더라도 해 보는 게 중요해. 고양이들도 처음부터 쥐를 잘 잡은 게 아니거든. 여러 번 쥐를 놓쳤기 때문에 나중에 더 잘 잡게 된 거라고. 그러니 계속해서 써 보는 게 가장 중요해.

# 2장
# 무엇을 써야 하나?

글쓰기는 많은 연습이 필요하단다. 연습을 많이 해 보지 않아서 실력이 부족한 것은 이제 막 요리를 배우는 요리사와 같아. 처음부터 눈부시게 화려한 요리를 할 수는 없거든. 많은 연습을 통해 어느 정도 실력을 갖춰야만 가능하니까. 실력을 기르려면 순서와 단계가 있지. 우선 재료를 고르는 법부터 배우고, 그다음에는 재료를 다듬고, 어떻게 맛을 내야 하는지 연구하고……. 물론 쉽고 간단한 요리부터 해 봐야 할 거야.

이걸 글쓰기에 대입해 좋은 소재를 가지고 열심히 글을 쓰다 보면 어느 순간 글을 잘 쓰게 되는 것과 같은 이치지. 돌멩이에 아무리 조미료를 쳐도 먹을 수 없는 것과 마찬가지야.

이 장에서는 무엇을 글의 소재로 쓸 것인가를 함께 생각해 보자꾸나.

## 1
## 경험을 글로 써 보자

🙍 박사님 뭔가를 쓰려고 하면 늘 막막해져요. 도대체 뭘 써야 하는 거죠? 아주 멋있게 시작하고 싶은데 전 아는 것도 없고, 재미난 이야기도 생각나지 않아요.

🧑‍🦳 글쓰기를 할 때 가장 좋은 출발은 자신의 경험을 글로 써 보는 거야.

🙍 어떤 경험을 글로 쓰는 게 좋을까요?

🧑‍🦳 아주 간단하지. 실제로 해 본 것들, 또 거기서 얻은 지식이나 깨달음 등은 모두 글을 쓸 때 좋은 소재가 된단다. 다음과 같은 것은 모두 좋은 글감이 되지.

1. 매일 매일의 일상
2. 남에게 들은 이야기

3. 보고 배운 것
4. 나만의 독특한 추억
5. 책을 읽거나 영화를 관람하거나 음악을 듣고 생각한 것
6. 맛있는 음식을 먹은 후 기분
7. 새로운 사람을 만난 느낌

아무리 생각해도 기억에 남을 만한 특별한 경험이 없어요.

금세 떠오르지 않는 건 네 경험이 부족해서가 아니라 네가 기억해 내지 못하기 때문이란다. 기억해 줄 때 비로소 네가 겪은 경험은 의미가 있거든. 다음과 같은 경험들을 돌이켜 봐.

1. 시간의 기억 : 초등학교 때나 혹은 유치원 때, 중학교 때 있었던 일
2. 공간의 기억 : 학원이나 집 안, 놀이 공원이나 피시방에서 있었던 일
3. 이야기의 기억 : 친구 이야기, 부모님 이야기, 형제들 이야기
4. 감정의 기억 : 희로애락을 포함한 다양한 감성들

와! 하나하나 정리해 보니 저도 엄청난 경험을 했네요. 그걸 글로 쓰면 되겠어요.

경험은 나만의 것이기에 '나만의 글쓰기'가 가능하단다.

> Reading Text
> 글쓰기 예문

## 어머니의 마음 여행

　원주로 가는 고속도로는 한산했다. 주말 가을 단풍놀이 철이라 나는 차들이 붐빌 것을 예상하고 새벽 5시에 일어나 6시가 좀 넘은 시간에 길을 나섰다. 제9회 독서문학기행으로 시각장애인들이 원주 토지문학공원에서 가을 나들이를 한다는 이야기를 듣고 그들과 함께하기 위해 나선 길이었다. 그들은 다른 지역에서 모여 출발하기로 했기에 나는 내 차로 고속도로를 이용해 원주까지 가기로 했던 것이다.

　서둘러서인지 다행히 길은 막히지 않았다. 도로에서 길이 막힌다는 것은 시간을 낭비하는 것이라는 생각이 나의 지론이기에 차라리 일찍 가서 기다리는 것이 나았다.

　휴게소에서 잠시 쉰 뒤 이윽고 나는 목적지 부근에 도착했다. 시간이 남아 토지문학공원에 가기 전 토지문학관에 잠시 들렸다. 많은 동료와 후배들이 머무르며 창작에 전념하는 토지문학관. 내 비게이션은 정확히 시골 마을 한쪽에 있는 건물로 나를 안내했다. 아침 일찍 도착한 낯선 자동차에 주목하는 사람은 아무도 없었다. 나는 창작에 몰두하는 수많은 작가들이 문학에의 열정을 불사르고 있을 것이라 짐작했다. 나도 이곳에 들어와 평소 꿈꾸던 대하소설을 잡념 없이 집필할 수 있으면 좋겠다는 생각을 잠시 해 보았다. 오로지 문학만 생각하며 먹고 살 수 있다면 얼마나 좋을까.

그러나 현실은 냉혹하다. 약속 시간이 다가오고 있었다. 집결 장소인 토지문학공원으로 향했다. 토지문학공원은 원주 시내에 있었다. 부슬비를 뚫고 도착하니 시간은 10시 가까이 되었다. 약속한 시간이 10시 30분이었기에 여유 있게 도착한 거였다.

(중략)

서울로 돌아오는 길 내내 생각했다. 박경리 선생은 참으로 힘들고 고독한 삶을 살아온 분이다. 하지만 원주에서 자신의 터전을 가꾸며 《토지》라는 걸작을 우리에게 선물하였을 뿐만 아니라 토지문학관까지 남겨 주셨다. 수많은 작가들이 그곳 집필실에 머물면서 문학의 꿈을 키우고 창작에 몰두할 수 있다. 어머니의 마음으로 토지와 같은 마음으로 우리 삶에 감로수 한 모금을 전해 주시고 갔다 해도 과언이 아닐 것이다.

장애인들이 이 땅에서 살아남을 수 있었던 데는 어머니들의 희생이 따랐다. 원주에 다녀온 이번 여행은 어머니의 품속을 헤집고 돌아온 여행이었다.

이 글은 어느 가을 장애인들과 함께 특정 장소에 가서 보고 듣고 느낀 것을 글로 적은 것이다. 경험하지 못했다면 나오지 못했을 글이다. 경험은 새로운 글감이 될 수 있고, 평범한 문장으로 쓰였다 하더라도 공감을 불러일으키는 감동적인 글이 될 수 있다.

| 글쓰기 연습장 | 년　월　일  |

1. 연령대별로 가장 인상적이었던 기억 속 장면을 적어 보자.

　6세 이전




　유치원 놀이터에서




　초등학교 운동회




　중학교 시험

2. 태어난 연도부터 매년 있었던 대표적인 사건이나 기억을 중심으로 다음 연표에 작성해 보자.

2000년 0세 : 상도동에서 태어났다.
2001년 1세 : 폐렴에 걸려 병원에 입원했다.
2002년 2세 : 동생이 생겼다.

( )년  세

( )년  세

( )년  세

( )년  세

( )년  세

( )년  세

( )년  세

( )년  세

( )년  세

( )년  세

( )년  세

( )년  세

( )년  세

( )년  세

( )년  세

3. 장소에 따라 각각 서로 다른 경험이 있을 수 있다. 아래의 장소에서 있었던 나만의 특별한 경험을 적어 보자.

화장실

놀이동산

노래방

4. 감정에 대한 경험도 좋은 글감이 될 수 있다. 우리가 느끼는 감정에는 어떤 것들이 있는지 적어 보자.

   슬픔, 기쁨, 분노, 억울함, 외로움……

5. 감정을 표현하는 글을 써 보자.

   눈물이 앞을 가린다, 가슴이 두근거린다, 마음이 허전하다……

 경험은 최고의 스승이라고. 실패와 성공을 반복하면서 노하우가 쌓이기 때문이야. 다만 대가를 좀 아프게 치러야 하겠지~ 야옹!

## 키워드를 가지고 써 보자

🧑 박사님, 궁금한 게 하나 있어요. 대부분 글을 쓸 때는 소재가 주어지잖아요? 그런데 그 소재가 마음에 들 때는 글이 술술 잘 써지는데 전혀 예상치 못한 소재일 때는 글이 잘 안 써져요.

🧓 하하. 키워드를 가지고 글쓰기 훈련을 하면 아무 문제 없지.

🧑 키워드로 글을 쓴다고요?

🧓 아주 간단해. 유명한 강사들이나 선생님들이 강의할 때 강의 내용을 전부 다 글로 써서 강의하는 건 아니란다. 무슨 이야기를 할까 순서대로 키워드를 만들어 오지. 중요한 단어를 적어 놓음으로써 그 단어가 연상되는 내용을 떠올리게 하는 거란다.

🧑 어떤 게 키워드가 되나요?

👨 뭐든지 돼. 커피, 지우개, 하늘, 수능……. 키워드에 살을 붙이면 문장이 되고, 그와 관련된 문장들이 합쳐지면 단락이 되지.

🧑 국어 시간에 많이 하던 건데요!

👨 그렇지. 국어 시간에 독해를 할 때 전체 글에서 문단을 나누잖니. 그리고 문단 안에서 문장을 나누고 다시 단어로 나누지. 키워드로 글쓰기는 그 역순인 거야. 즉, 단어, 문장, 단락, 그리고 한편의 글이 되는 거지.

🧑 예를 들면 어떻게요?

👨 의자라는 단어에서 떠오르는 생각에는 뭐가 있을까?

🧑 편안함 혹은 엉덩이, 아픔. 아니면 디자인 이런 게 떠올라요.

👨 그렇지? 그렇게 생각에 생각을 꼬리를 물고 하다 보면 그 키워드 중 묶을 수 있는 것들이 생긴단다. 그렇게 서로를 묶고 순서를 정하고 살을 붙이다 보면 한 편의 글이 되는 거지.

🙂 매력적인 키워드라면 글이 더 잘 써지겠네요?

😎 당연하지. 가을, 하늘, 나무 이런 키워드들은 많은 걸 연상시키는 반면 매력적인 키워드가 되긴 어렵단다. 너무 평범하고 일반적이기 때문이야. 핸드폰, 사랑과 우정, 상처, 힐링 이런 것들이 좀 더 매력적인 키워드라 할 수 있지. 너희의 관심사기도 하고 스토리를 담을 수 있으니까.

🙂 매력적인 키워드를 확보하는 것이 중요하겠군요.

😎 맞아. 글을 쓸 때는 가장 매력적인 키워드가 무엇인지를 떠올려야 해. 예를 들면 장학금 그러면 보담이는 뭐가 떠오르지?

🙂 대학교 4년 전액 장학금도 있고요. 장학금을 받으려면 어떻게 해야 할까? 어떤 장학금이 있나? 금액은 얼마인가? 대학을 외국으로 가게 되면 해외에서 받을 수 있는 장학금에는 무엇이 있을까? 마구 떠올라요.

😎 거봐. 장학금이라는 키워드가 보담이의 관심사를 건드린 거야. 민성이는 아카데미나 골든글로브 같은 단어를 들으면 어때?

우와, 갑자기 가슴이 뜨거워져요. 나도 언젠가는 걸작을 만들어서 아카데미 감독상을 받고 싶어요. 우리나라 최고의 배우들과 작품을 찍어서.

 그것 봐라. 자기가 관심 있는 거면 뭔가 하고 싶은 말들이 막 생각나지. 좋은 키워드를 가지고 글을 쓰면 글이 잘 써져. 반면 아무거나 써 봐야지 하고 막연하게 시작하면 글이 안 써진단다.
예를 들어 내 가슴을 가장 뜨겁게 하는 키워드는 장애, 배려, 관심, 사랑, 차별, 편견 이런 것들이야. 자신의 관심사를 키워드로 삼아 글을 쓰는 훈련을 하면 그 글은 당연히 좋아지지. 특히 최근 트렌드에 맞는, 혹은 다양한 주제를 담을 수 있는 키워드를 가지고 글을 쓰면 더욱 주목받는 글이 될 수 있단다.

## 조선 시대의 시계

무엇으로 시간을 정하고 모든 사람이 지킬 공통의 약속으로 만드느냐 하는 것은 인류 역사 이래 매우 중요한 문제였다. 특히 인간이 부족을 이루고 공동체 생활을 하게 되면서 지배 계층에겐 더욱 절실한 문제가 아닐 수 없었다. 모든 법제와 풍속을 규제하고 질서를 지키기 위해서는 시간을 정하고 그 시간에 맞춰 모든 일을 행할 수밖에 없었던 것이다.

성문을 여닫는 문제만 해도 그렇다. 정해진 시간에 성문을 여닫아야 하는데 모든 사람과 시간을 공유하지 않고서는 애초에 그런 일은 불가능했기 때문이다. 하물며 농사일이나 그 밖의 사사로운 약속 등은 더 말할 나위가 없었다.

시간이라는 개념은 일찍부터 강조됐다. 역사에 의하면 기원전 1400년 전부터 이집트에서 물시계가 사용되었다고 한다. 우리나라도 삼국 시대부터 물시계 등을 썼다고 한다. 따라서 시계의 역사는 인류의 역사고, 시계의 문화는 곧 인류의 문화 그 자체라 해도 과언이 아니다.

조선 시대에도 정확한 시간을 알리는 일은 매우 중요했다. 고려를 멸망시키고 새롭게 나라를 세워 도읍까지 한양으로 옮긴 지배자들에게는 표준이 되는 새로운 시계가 절실했다. 매년 마지막

날 밤 자정에 치는 제야의 종소리가 울려 퍼지는 종로의 종각은 바로 이성계가 왕이 된 후 태조 7년에 세운 표준 시계다. 물론 아무 때나 종을 치는 것은 아니고 부루(浮漏)라는 물시계를 보고 정해진 시간이 되면 종지기가 종을 쳤다.

　이 종을 치는 것도 법도가 있었다고 한다. 종을 28번 치는 인경(人定)이 되면 한양의 4개 성문을 일제히 열었고, 33번 치는 바라(罷漏)에 문을 닫았다. 자연히 성을 드나드는 사람들도 이 시간을 따르지 않을 수 없었다. 홍명희의 《임꺽정전》을 보면 성내에 몰래 잠입했던 임꺽정이 바라 치는 소리에 성문을 빠져나가지 못하자 시구문(屍口門)을 통해 성 밖으로 나간다는 얘기가 나온다. 이는 당시 조선 사람들의 문화를 반영한 것이다. 마치 12시가 되면 통행금지를 해 우리의 자유로운 밤 문화를 폐쇄하고 억압했던 것과 흡사하다.

　(중략)

　그때까지만 해도 시계라는 게 고작 물시계 아니면 해시계였는데 그나마 정확하지도 않았다. 해라는 것이 밤에는 사라지는 데다가 절기에 따라 그 높이와 위치가 달라 사용하는 데 불편하기 짝이 없었다. 물시계도 큰 항아리에 구멍을 뚫고 그 물이 작은 항아리에 고이는 속도에 따라 자를 띄워 그 자가 올라간 만큼의 높이로 시간을 확인하는 것이었다. 따라서 이런 자연적이고 원시적인 시계를 뛰어넘어 자명종 원리와도 흡사한 자격루를 만든 장영실의 기술은 실로 대단한 것이 아닐 수 없었다.

그렇지만 장영실이 죽고 나자 이 자격루는 사용할 수 없게 되었다고 한다. 그 이유는 후대에 이 자격루를 고칠 만한 기술자가 없었기 때문이라고 하니 당시 자격루가 얼마나 시대를 앞서가는 발명품이었는가를 알 수 있다.

시계라는 키워드에서 생각을 확장해 조선 시대 장영실까지 연결했다. 우리가 과거 정확한 시간을 측정할 수 있는 시계를 만들던 우수한 민족이었음을 상기시키고, 독자가 과학 기술에 관심을 갖게 함으로써 과학 기술의 중요성을 다시 한 번 고민해 보도록 의도한 것이다.

| 글쓰기 연습장 | 년 월 일 |

1. 내가 있는 공간을 둘러 보고 눈에 띄는 사물 열 개만 적어 보자.

2. 지금 당장 내 머릿속에 떠오르는 느낌과 최근의 관심사를 핵심 키워드로 정리해 보자.

3. 나를 설명할 수 있는 키워드를 생각나는 대로 나열해 보자.

| 나이: | 소속: | 취미: |

| 좌우명: | 좋아하는 책: | : |

| : | : | : |

| : | : | : |

| : | : | : |

| : | : | : |

4. 앞에 정리한 키워드 중 몇 개의 단어를 골라 뇌 구조 그림을 채워 보자.

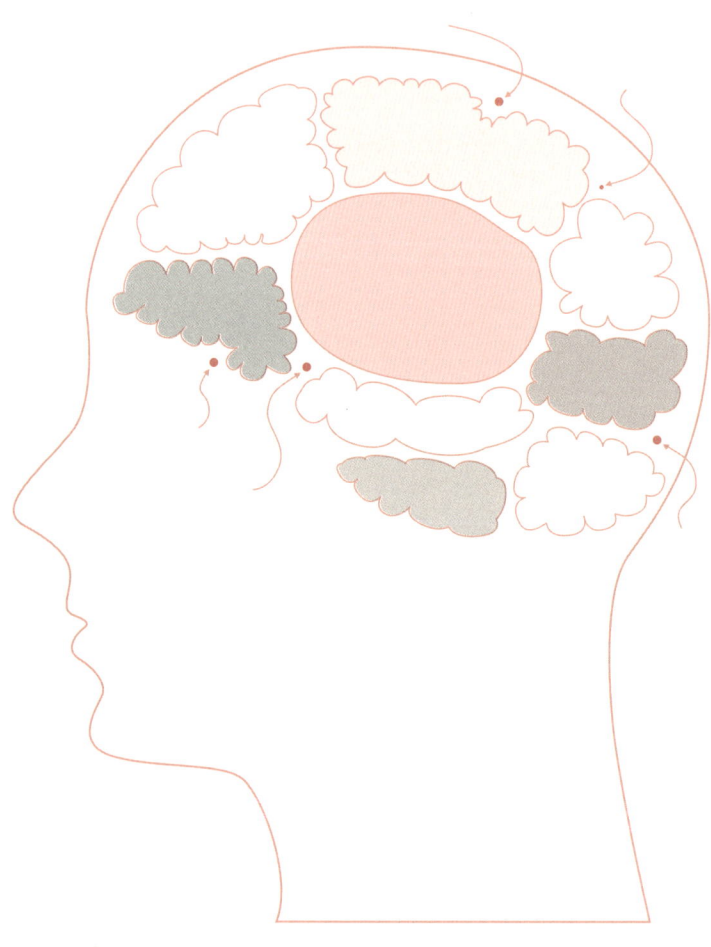

5. 앞의 키워드를 중심으로 나를 소개하는 글을 써 보자. (그리고 이 글쓰기 책을 다 읽은 후 키워드를 다시 정리해 다시 한 번 나를 소개하는 글을 써 보자.)

 모든 생각의 시작은 하나의 단어로부터 비롯되지. 단어 하나를 정해 그다음 단어를 이어 붙이면 나만의 독창적인 생각을 표현할 수 있게 된다고. 나의 관심 키워드는 물론 자유로움이지.

# 3
# 예상치 못한 질문에 답을 써 보자

박사님, 제가 맨날 스마트폰으로 사진이나 동영상을 찍고 다니니까 어떤 할아버지께서 지나가시다가 "쓰레기 같은 물건 들고 다니면서 공부는 언제 하냐"고 말씀하셔서 정말 충격 먹었어요. 저에겐 스마트폰이 최고의 물건인데 쓰레기라는 거예요. 으이그, 정말…….

어허, 어른에게 무례하게 굴면 안 돼. 여기서도 우리는 글쓰기 아이디어를 찾을 수 있지. 그냥 핸드폰에 대해서 쓰라고 하면 어떻게 썼겠니? 기능이 좋다. 디자인이 좋다. 이런 얘기밖에 안 썼겠지. 그런데 그 할아버지께서 예상치 못한 말을 던지셨잖니. 핸드폰이 쓰레기라고.

예 맞아요. 막 반발하고 싶었어요. 핸드폰이 얼마나 편리하고 소중한 건지 말하고 싶었다고요.

48

🧑‍🦳 예를 들면 부모님의 은혜에 관해 글을 쓰라고 하면 뭐부터 떠오르지?

👩 어린 시절 저를 돌봐 주시느라고 고생하신 거요.

🧑‍🦳 그럼 예상치 못한 질문을 한번 해 볼까? 모든 부모가 늘 천사 같기만 할까? 어때? 어떤 부모는 자식을 때리기도 하고 내다 버리기도 하잖니. 꼭 좋은 부모만 있는 건 아니잖아. 부모가 오히려 자식을 괴롭히는 경우도 있지!

👩 하긴 그런 생각은 못 해 봤어요.

🧑‍🦳 이런 식으로 예상치 못한 질문을 받게 되면 우리는 뇌에 자극을 받게 돼. 뇌세포가 반응을 일으키는 거지. 그런 자극을 받을 때 우리는 글을 쓰고 싶다는 생각을 한단다. 예상치 못했다는 건 통념을 깬다는 거야. 예상치 못한 질문이나 엉뚱한 질문을 많이 하는 사람들은 그만큼 글을 잘 쓸 수 있는 소질이 있는 거지.

👩 당장 스마트폰은 쓰레기가 아니라는 걸로 글을 써 봐야겠어요.

**Reading Text**
글쓰기 예문

## 한민족의 비애

"선생님, 6·25 전쟁 때 인해전술을 편 쪽은 어디라고 생각하세요?"

중국 유학생 한 명이 내게 이런 질문을 했다. 원하는 대답이 무엇이기에 내게 이런 질문을 하는 걸까.

소설을 쓰면서 대학에 나가 강의도 하는 나는 학교에서 독특한 사고방식을 가진 학생들을 많이 만난다. 그 가운데는 가난한 학생도 있고 외제 차를 타고 다니는 학생도 있다. 서울 토박이도 있고 멀리 제주도에서 서울로 유학 온 학생도 있다.

김경호는 내 강의를 듣는 중국교포 학생이었다. 재일교포 학생은 몇 번 접해 봤어도 중국에서 온 학생은 처음이었다.

"글쎄? 중공군 아닐까? 인구가 많은 나라라서 인해전술로 밀어붙였다고 하던데."

"아닙니다, 선생님. 저는 중국에서 태어나고 자랐기 때문에 중국을 여행할 기회가 제법 많았습니다. 소수민족인 조선족이 사는 곳은 거의 다 가 보았고요. 그런데 조선족 마을에 가면 주로 할머니들만 계시고 할아버지는 전혀 안 계십니다."

"원래 노인들 가운데 남자가 여자보다 먼저 사망할 확률이 높아서 그런 거 아닌가?"

그러자 김 군은 고개를 저었다. 그러고는 다음과 같이 말하는 거였다.

"6·25 전쟁 때 중국이 참전하면서 중국에 있는 조선족 남자들은 전부 징병해 전선에 내보냈다고 하더라고요. 너희 나라 전쟁이니까 너희가 나가 싸우라고 해서 전쟁에 나갔다가 모두 죽은 거죠."

그 이야기를 듣고 나는 충격에 빠지지 않을 수 없었다. 말로만 들은 6·25 전쟁, 그 무시무시하고 끔찍한 인해전술, 죽이고 죽여도 또 달려들었다는 그 중공군 내에는 우리 동족이 다수 포함되어 있었던 것이다.

나는 다시 한 번 주변 강대국들의 냉정한 자국 이기주의를 느끼지 않을 수 없었다. 더 이상 이런 비극적인 일이 벌어지지 않으려면 우리 민족의 이익과 생존은 우리 스스로 챙겨야 할 것이다. 민족상잔의 비극 또한 다시는 일어나지 않아야 하는데 과연 우리가 그런 노력을 제대로 하고나 있는 건지 북한 핵무장 소식이 들려오는 요즘 다시 한 번 생각하게 된다. 외세의 입김에서 벗어나 우리 민족의 이익과 번영을 위해 당당하게 자존의 목소리를 높일 수 있는 날이 하루빨리 왔으면 좋겠다.

이 글은 한 학생의 돌발적인 질문으로 느끼고 생각한 것을 쓴 글이다. 학교에서 배운 역사라는 것이 얼마나 천편일률적인지 다시 한 번 깨달았다. 아주 사소한 돌발 질문도 생각에 생각을 더하면 더 큰 명제에 가 닿을 수 있음을 알 수 있다.

| 글쓰기 연습장 | 년　월　일  |

1. 여태껏 한 번도 생각해 본 적 없는 질문을 받았을 때 어떻게 대답할지 써 보자.

   Q. 컨테이너 한가득 초코바를 선물로 받는다면 어떻게 할 것인가?

   Q. 한국 사람들은 하지 않으려는 험한 일을 왜 이주 노동자들은 불법 체류를 하면서까지 하겠다고 하는 걸까?

Q. 길거리가 지저분해야 청소부 아저씨가 쓰레기를 치우면서 월급을 받을 수 있는 것 아닌가?

Q. 100일 동안 누워만 있으면 어떻게 될까?

예상치 못한 질문에 능숙하게 대처하려면 같은 상황을 다른 각도에서 바라보는 훈련이 필요해. 그러기 위해서는 다양한 질문을 해 보고 그것에 대한 답변을 써 보는 연습을 하는 것이 좋아. 신문 기사를 자주 검색해 본다거나 돌발 질문을 해 상대방을 당황하게 하는 토론 프로그램 등을 통해 여러 사람의 다양한 시각을 접하면 글쓰기에 대한 안목이 생기지.

# 4
# 주어진 논제에 찬성 혹은 반대 의견을 써 보자

박사님, 저는 찬성이냐 반대냐 같이 확실한 논리를 제시하면서 자기주장을 펴는 글쓰기를 좋아해요. 여학생이 화장하는 것에 대해 찬성인지 반대인지 견해를 밝히는 글을 써 보자 뭐 이런 거 말이에요.

요즘은 남자들도 화장해. 화장하는 게 뭐 어때서? 예쁘기만 하고만.

한창 공부해야 할 시기에 화장이나 하는데 뭐가 예쁘다는 거야?

하하하. 싸우지들 말아라. 글에는 확실한 주장이 있어야 해. 말은 흔들려도 글은 흔들리면 안 되거든. 짜장면 먹겠다고 중국집에 갔다가 짬뽕을 먹겠다고 하는 것처럼 말은 언제든 바꿀 수 있고 쉽게 내뱉을 수 있지만 글은 달라.

이것도 맞고 저것도 맞다거나, 이것도 틀리고 저것도 틀리다는 주장은 글이 될 수 없어. 하나의 논제에 대해 찬성과 반대 입장을 명확히 정하고 글을 써야만 확실하게 자기주장을 드러낼 수 있고 그러기 위해서는 뒷받침할 만한 근거를 많이 찾아야 하지.

비유하자면 말하는 건 연애고 글 쓰는 건 결혼인가요?

그렇게도 표현할 수 있겠구나. 연애는 이 사람 저 사람 만나 볼 수 있지만 결혼은 여러 사람과 할 수 없으니까. 우리나라에서는 한 사람이 여러 배우자랑 살 수 없잖아. 글을 쓸 때는 단 하나의 입장과 주장을 선택해야 해. 주어진 논제에 찬성할 건지 반대할 건지 결정하고 글을 써야 하는 거지. 그렇게 쓰면 나를 지지하는 사람들은 나를 옹호해 줄 테지만 반대하는 사람들은 반론을 펴겠지? 이것도 아니고 저것도 아닌 글은 아무의 지지도 받지 못해. 그리고 무엇보다 자기가 쓴 글에 책임을 져야 한단다.

Reading Text
글쓰기 예문

## 원균이 간신이라고? 노!

역사상 가장 많은 오해와 왜곡으로 그 이미지가 점철된 리더를 뽑으라고 한다면 나는 주저 없이 원균을 꼽는다. 그는 임진왜란이 끝난 뒤 조정에서 선무 일등공신 교지를 받은 세 명의 충신 가운데 하나다. 나머지 두 사람이 이순신과 권율이니 원균이 오늘날 간신으로 알려진 것은 역사를 왜곡하고 정치적으로 그를 깎아내린 일부 모리배들의 행태에서 비롯된 것이다.

멜 깁슨이 주연을 한 영화 〈위 워 솔저스〉를 보면 그는 월남전에 파병해서 자신의 부하들에게 이렇게 말한다.

"나는 제군들을 전부 살려서 데리고 오지는 못한다. 하지만 이것만은 약속하겠다. 전투가 벌어지면 내가 가장 먼저 달려갈 것이고, 가장 나중에 나오겠다."

바로 원균이 400여 년 전 그 말을 직접 몸으로 실천한 장군이다. 지금 돌이켜 보면 원균은 한 마디로 자신의 목숨을 아끼지 않은 살신성인형 리더였다.

원균이 경상우수사가 된 건 임진란이 발발하기 고작 두 달 전이었다. 전쟁의 기운을 느꼈지만 그는 방어를 준비할 시간이 턱없이 부족한 상태에서 왜군을 맞이했다. 그는 죽을 각오를 하고 맨 앞에서 왜군의 진영을 향해 돌진했는데, 그 결과 놀라운 사실을 알게 되었다. 기후가 온화한 일본에서 자란 나무로 만든 왜군의 배는 혹독한 사계절을 겪은 조선의 소나무로 만든 배보다 형편없이 약해서 들이받기만 하면 깨져서 가라앉는다는 사실이었다.

이에 자신감을 얻은 원균은 모든 전투에서 가장 앞장서서 나갔다. 후에 이순신과 연합함대를 만들어 그 유명한 학익진(鶴翼陣) 전법으로 왜군을 궤멸시킬 때 그 선봉에는 늘 원균이 있었다. 적진의 중앙까지 들어가야 하는 위험한 임무는 원균을 필두로 한 경상우수영의 배들 말고는 맡을 수가 없었던 것이다.

죽음을 두려워하지 않는 원균의 이러한 살신성인의 용맹함은 필연적으로 모든 위험 요소를 충분히 재고, 사려 깊게 군사들을 이끌었던 이순신의 리더십과 부딪쳤다. 이것이 훗날 이순신 추종자들에 의해 원균의 이미지가 왜곡되는 실마리가 되었다.

일신의 안일과 보신만을 꿈꾸는 사이비 지도자들이 넘쳐 나는 요즘, 원균은 진정한 리더의 모습은 어떠해야 하는지를 보여주는 전형적인 예라 하겠다.

내가 쓴 최초의 장편소설 《원균》은 원균이 간신이고 이순신이 충신이라는 통념에 반대한 작품이다. 그 뒤로 나는 원균을 충신이라 믿고 계속 그렇게 주장해 왔다. 원균이 충신일 수도 아닐 수도 있다는 식의 두루뭉술한 주장은 글쓰기에서는 통하지 않는다. 글은 찬성이면 찬성, 반대면 반대라는 분명한 태도를 보여야 한다. 물론 이런 글을 쓰기 위해서는 내 주장을 뒷받침할 만한 근거 자료를 많이 확보해야 한다. 그런 자료들 덕분에 나는 아무 문제 없이 내 주장을 펼 수 있었다.

글쓰기 연습장 　　　　　　　　　　　년　　　월　　　일

1. 서울 외곽까지 손님을 태워 나르는 광역 버스는 이용 고객이 배차된 차량보다 많아서 고객 안전을 위해 입석을 없앤 일반 버스들과 다르게 입석을 허용했다. 그 정책에 찬성인지 반대인지 입장을 정해서 글로 써 보자. 이때 찬성하는 이유와 반대하는 이유를 미리 정리해 두고 글을 쓰면 더욱 좋은 글이 된다.

| 찬성하는 이유 | 반대하는 이유 |
|---|---|
| • | • |
| • | • |
| • | • |
| • | • |
| • | • |

광역버스의 입석을 허용한 것에 대하여 (　　　　)합니다. 왜냐하면

2. 핵실험을 하며 도발을 일삼는 북한에 경제 지원을 하는 것에 찬성인지 반대인지 하나의 입장을 정해 글로 써 보자.

| 찬성하는 이유 | 반대하는 이유 |
|---|---|
| • | • |
| • | • |
| • | • |
| • | • |
| • | • |
| • | • |

핵실험을 하며 한반도의 평화를 위협하는 북한에 경제 지원을 하는 것에 대하여

(          )합니다. 왜냐하면

3. 인성교육진흥법이 시행된 이후 인성을 가르치는 학원이 생겼다고 한다. 인성교육진흥법이 타당한가에 대한 찬성과 반대 입장을 정해 글로 써 보자.

| 찬성하는 이유 | 반대하는 이유 |
|---|---|
| • 하루 중에 절반 이상을 보내는 곳이 학교이므로 학교에서 보다 체계적인 인성교육이 필요하다.<br><br>•<br><br>• | • 인성교육은 가정에서 배워야 할 덕목이지, 학교에서 배우는 과목으로 하다 보면 성적을 관리해야 하는 과목이 될 뿐이다.<br><br>•<br><br>• |

4. 카카오택시가 생기면서 많은 사람이 택시를 손쉽게 이용하게 됐지만 기존의 콜택시 사업자들은 망하게 생겼다고 불만스러워한다. 이에 대한 찬성과 반대 입장을 정해 글로 써 보자.

| 찬성하는 이유 | 반대하는 이유 |
|---|---|
| • | • |
| • | • |
| • | • |
| • | • |
| • | • |

찬성과 반대 의견이 격돌하는 토론을 피곤하게 여기는 사람들이 있는데, 결코 그렇게 생각해선 안 돼. 사람은 저마다 생각이 다르고 그에 대한 각자 나름의 분명한 이유가 있다고. 서로 다른 생각과 입장을 적극적으로 반영해서 의사 결정을 하는 데 꼭 필요한 것이 바로 토론이지.

## 5
# 통찰력을 발휘해 글을 써 보자

🧑 박사님, 글에 깊이가 있다, 없다는 말은 왜 나오는 걸까요?

👨 어려운 질문이구나. 그건 글을 쓸 때 통찰력이 부족하다는 뜻일 수도 있어.

🧑 통찰력이요? 그게 뭔가요?

👨 사전을 보면 통찰력이란 예리한 관찰력으로 사물을 꿰뚫어 본다는 뜻이란다.

🧑 꿰뚫어 본다는 건 말로는 이해가 되지만 구체적으로 어떤 뜻인지 모르겠어요.

👨 '토마토 농사가 풍년이 들면 의사들의 시름이 깊어진다'라는 말이 있어. 이건 무얼 뜻하는가 하면 토마토 농사가

잘됐을 때 어떤 일이 벌어졌는지 관찰한 거야. 관찰을 통해 어떤 사실을 발견하게 되지. 그걸 통찰이라 할 수 있단다.

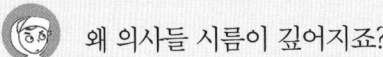
왜 의사들 시름이 깊어지죠?

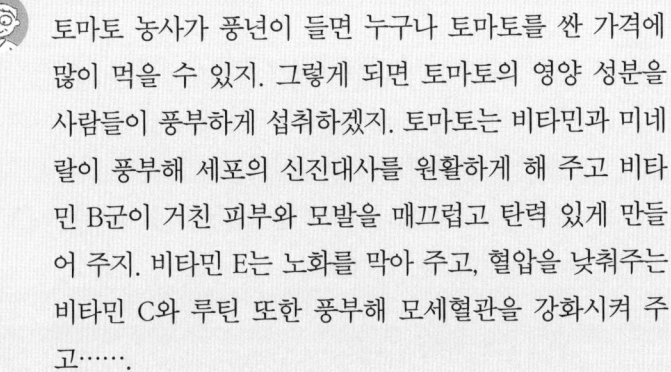
토마토 농사가 풍년이 들면 누구나 토마토를 싼 가격에 많이 먹을 수 있지. 그렇게 되면 토마토의 영양 성분을 사람들이 풍부하게 섭취하겠지. 토마토는 비타민과 미네랄이 풍부해 세포의 신진대사를 원활하게 해 주고 비타민 B군이 거친 피부와 모발을 매끄럽고 탄력 있게 만들어 주지. 비타민 E는 노화를 막아 주고, 혈압을 낮춰주는 비타민 C와 루틴 또한 풍부해 모세혈관을 강화시켜 주고…….

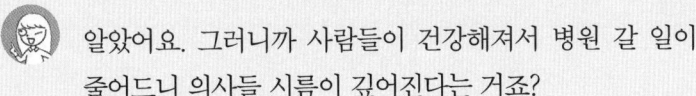
알았어요. 그러니까 사람들이 건강해져서 병원 갈 일이 줄어드니 의사들 시름이 깊어진다는 거죠?

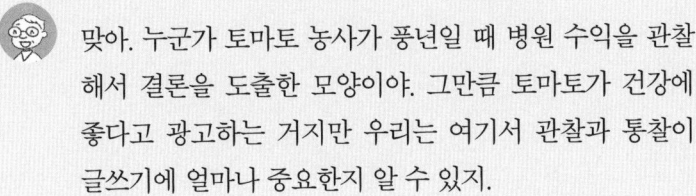
맞아. 누군가 토마토 농사가 풍년일 때 병원 수익을 관찰해서 결론을 도출한 모양이야. 그만큼 토마토가 건강에 좋다고 광고하는 거지만 우리는 여기서 관찰과 통찰이 글쓰기에 얼마나 중요한지 알 수 있지.

🙍‍♀️ 그럼 눈이 오는 걸 보고 다음 날 카센터가 돈을 많이 벌겠구나 생각하는 건 어때요?

🙎‍♀️ 차 접촉 사고가 많이 날 테니까?

🙍‍♀️ 응. 어때 나의 통찰력이?

👨‍🦳 하하 그건 아주 낮은 단계의 통찰이구나. 인과관계와도 비슷하지. 어쨌든 관찰을 하는 건 좋은 습관이야. 내가 하나 더 말해 볼까? 미국의 시카고는 북쪽에 위치해 있어 눈이 많이 오는데 그런 날 아침이면 심장 질환 응급실 의사들이 비상 대기 한단다.

🙎‍♀️ 왜요? 날씨가 추워서요?

👨‍🦳 하하. 통찰은 보이지 않는 여러 요소의 상관관계를 파악하는 것이라 할 수 있어. 미국은 눈이 오면 꼭 제집 앞의 눈을 집주인이 치워야 해. 법이 그래. 그러니 눈이 온 날 아침이면 사람들이 엄청나게 온 눈을 치워야 하지. 안 그러면 법에 걸리거든.

🙎‍♀️ 아, 그러면 눈 치우다가 심장마비가 일어나는 건가요?

빙고! 추위에 웅크리고 있던 사람들이 갑자기 격한 운동을 하니까 심장마비로 병원에 실려 가는 거야. 이렇게 전혀 상관없어 보이는 사실을 꿰뚫어 보는 게 통찰력이야. 관찰을 많이 하고 통찰력을 기르면 남들이 사소하게 보고 쉽게 넘어가는 것에서도 깨달음을 얻고 깊은 생각이 담긴 글을 쓸 수 있단다. 사소한 것에서도 삶의 의미와 깨달음을 얻을 수 있고 말이지. 통찰력을 발휘해 글을 쓴다면 그 글은 반은 성공한 거라 할 수 있어.

**Reading Text**
글쓰기 예문

## 아버지는 누구인가?

아버지란 기분이 좋을 때 헛기침을 하고,
겁이 날 때 너털웃음을 웃는 사람이다.

아버지란 자기가 기대한 만큼
아들, 딸의 학교 성적이 좋지 않을 때
겉으로는 '괜찮아, 괜찮아' 하지만
속으로는 몹시 화가 나는 사람이다.

아버지의 마음은 먹칠을 한 유리로 되어 있다.
그래서 잘 깨지기도 하지만, 속이 잘 보이지 않는다.
아버지란 울 장소가 없기에 슬픈 사람이다.

아버지가 아침 식탁에서 성급하게 일어나서
나가는 장소(그곳을 직장이라고 한다)는
즐거운 일만 기다리고 있는 곳은 아니다.

아버지는 머리가 셋 달린 용(龍)과 싸우러 나간다.
그것은 피로와, 끝없는 일과,

직장 상사에게서 받는 스트레스다.

아버지란 '내가 아버지 노릇을 제대로 하고 있나?
내가 정말 아버지다운가?' 하는 자책을 날마다 하는 사람이다.
아버지란 자식을 결혼시킬 때 한없이 울면서도
얼굴에는 웃음을 보이는 사람이다.

아들, 딸이 밤늦게 돌아올 때
어머니는 열 번 걱정하는 말을 하지만,
아버지는 열 번 현관을 쳐다본다.

아버지의 최고의 자랑은 자식들이 남의 칭찬을 받을 때다.
아버지가 가장 꺼림칙하게 생각하는 속담이 있다.
그것은 "가장 좋은 교훈은 손수 모범을 보이는 것이다"
라는 속담이다.

아버지가 어떤 사람인지 오래도록 관찰하고 쓴 작자 미상의 글이다. 아버지가 출근하는 모습을 머리 셋 달린 용과 싸우러 가는 것이라고 표현한 것은 통찰력의 절정이라 할 수 있다.

글쓰기 연습장    년    월    일

1. 요즘 드론이 앞으로의 미래 사업이라며 각광받는다. 만일 드론에 무기를 장착한다면 어떤 일이 벌어질까? 분단국가인 우리나라 국민 입장에서 드론은 과연 우리 삶을 어떻게 변화시킬지 통찰해 보자.

군사용 드론의 발달이 전 세계 평화에 어떠한 영향을 미칠지 통찰해 보자.

2. 나비효과가 무엇인지 조사해 보고, 우리 삶에서 나비효과가 어떻게 벌어질지 상상해서 글로 써 보자.

나비효과란:

나비효과의 긍정적인 사례, 또는 부정적인 사례를 찾아 글로 써 보자.

3. 이 사진 속 아이의 마음은 어떨까? 통찰력을 발휘하여 글을 써 보자.

사진작가는 왜 이 사진을 찍었을까? 통찰력을 발휘하여 글을 써 보자.

4. 《멈추면 비로소 보이는 것들》이라는 책 제목을 오래 깊이 생각해 보고 과연 어떤 면에서 그렇다는 것인지 자신의 경험을 토대로 글을 써 보자.

통찰력이란 한 마디로 눈앞에 보이는 것과 보이지 않는 것들의 연결점을 찾아내는 것이라 할 수 있지. 글 쓸 소재를 하나 선택하더라도 깊이 관찰한 후 역학관계나 충돌 혹은 원인과 결과를 꿰뚫어 봐야 해. 그래야 자기 생각과 감정 그리고 주장을 담을 수 있거든.

*6*
# 인용문을 이용해 글을 써 보자

- 박사님, 제 수첩 좀 봐 주세요.

- 오, 그동안 메모를 이렇게나 많이 했어?

- 박사님께서 책을 읽다 좋은 문장을 발견하면 메모해 두었다가 활용해서 글을 써 보라고 하셨잖아요. 그런데 이 문장들을 어떻게 활용해야 할지 모르겠어요.

- 하하, 어디 메모들을 좀 볼까. 음, 좋은 인용문들이 많구나. 그런데 이건 어디서 찾은 문장이야? '철근으로 와이어를 만들면 7배가 늘어나며 힘도 7배 강해진다.'

- 현수교 만들 때 이렇게 해서 사용한대요. 기둥에 와이어를 걸면 다리 상판을 더 강하게 잡아당길 수 있고요. 좋은 말인 것 같아서 적어 놨어요.

그렇지. 이런 문장을 어떻게 활용할 수 있을까? 철근을 길게 늘이면 가늘어지니까 오히려 약해질 것 같은데 가는 것들을 여러 개 합치면 원래의 철근보다 더 강해진다고 했지?

 아, 그 얘기를 들으니까 칭기즈칸의 일화가 떠올라요. 아들들이 대립하고 분열할 때 칭기즈칸이 말했대요. 화살을 가져오게 해서 각자 하나씩 꺾게 한 다음 다시 여러 개를 합쳐서 꺾게 했대요. 화살 여러 개를 합치면 꺾을 수 없다는 걸 보여주면서 단결하라고 한 거죠.

 그래, 이런 짧은 글을 인용해서 쓰면 글이 더욱 힘을 받아. 다음은 인용하면 좋은 것들이란다.

1. 속담과 격언
2. 책이나 신문 등에서 뽑은 좋은 문장
3. 방송이나 영화에서 나온 대사
4. 주변 지인들의 말이나 선생님들의 가르침
5. 책이나 기타 인터넷 등에 나오는 각종 경구

이런 것들을 인용하면 글이 훨씬 권위 있고 힘이 생긴단다. 그 밖에도 통계자료나 법조문, 수학 공식 같은 것도 잘만 인용하면 좋은 글이 될 수 있어. 그만큼 나의 주장을 남들도 동조해 준다는 뜻으로 사용할 수 있지.

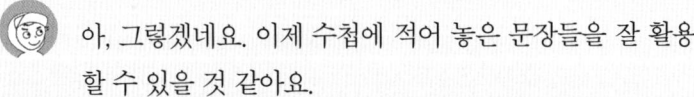 아, 그렇겠네요. 이제 수첩에 적어 놓은 문장들을 잘 활용할 수 있을 것 같아요.

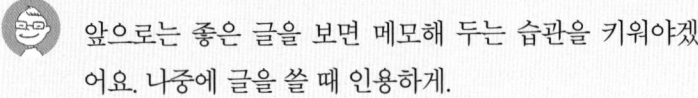 앞으로는 좋은 글을 보면 메모해 두는 습관을 키워야겠어요. 나중에 글을 쓸 때 인용하게.

### 까칠한 재석이가 사라졌다

벽이라도 있으면 머리를 힘껏 들이받고 싶었다. 헤르만 헤세는 새는 알 속에서 빠져나오려고 싸우며 알은 곧 세계이기에 태어나기를 원하는 자는 하나의 세계를 파괴하지 않으면 안 된다고 했다. 그런데 자신은 아직도 그 알 안에서 두려움에 떨고 있는 거였다.

스톤에서 나가려면 특단의 조치가 필요했다. 하지만 어떻게 해야 좋을지 몰랐다. 재석은 새로운 삶을 향해 나아가기 위해 꼭 필요한 것들을 놓치고 있었다. 그것은 바로 용기와 의지였다.

집에 돌아와 재석은 보담에게 이메일을 썼다. 놀이공원에 가지 못하게 된 뒤 서먹했던 마음을 누르고 용기를 내서 보낸 이메일이었다.

보담아.
오늘도 나는 비겁하게 행동했어.
나 데미안에 나온 선과 악은커녕 내가 누군지도 잘 모르겠어.
어떻게 살아야 되는지 어렴풋이 알 것 같으면서도
그쪽을 향해 나아가지 못해.
나는 정말 비겁해.

할아버지께서 늘 가르침을 주시는데도 용기가 없는 것 같아.

어쩌면 좋을까. 정말 모르겠어.

-고정욱,《까칠한 재석이가 사라졌다》, 애플북스

《까칠한 재석이가 사라졌다》(부분 인용)에서 재석이가 자책하는 대목이다. 재석이 고민하는 장면에서 헤르만 헤세가 쓴 고전 작품을 인용함으로써 주인공이 얼마나 고뇌하고 있는지 좀 더 생생하게 드러난다. 이처럼 글을 쓸 때 전하고자 하는 주제를 권위 있는 작품 속 대사를 인용하거나 혹은 유명인의 명언, 명구를 활용하면 화자가 이야기하고자 하는 것이 무엇인지 더욱 명확하게 전달할 수 있다. 또한 신뢰감을 얻어 힘 있는 문장을 완성할 수 있다.

| 글쓰기 연습장 | 년　　월　　일 |

1. 최근에 들었던 말 가운데 기억에 남는 말을 적어 보자.

- 
- 
- 

　그 말을 인용해 짧은 글을 써 보자.

2. 가족들이 자주 하는 말이 무엇인지 생각해 보고 적어 보자.

　나:

3. 선생님들이 우리에게 입버릇처럼 하는 말은 어떤 것이 있을까 적어 보자.

　　1. 학생은 공부가 직업이다.

　　2.

　　3.

4. 책에서 읽었거나 누군가에게 들었던 말 중에 감동적이었던 구절이 있다면 적어 보자.

　　1. 좋은 점을 말해 주는 사람은 곧 나의 적이요, 나쁜 점을 말해 주는 사람이 곧 나의 스승이다 《명심보감》

5. 다음 격언 중 한두 개를 골라 활용해 짧은 글을 써 보자.

"인간은 대체로 내용보다는 외모로 사람을 평가한다. 누구나 다 눈을 가지고 있지만 통찰력을 가진 사람은 드물다." —마키아벨리

"한 자나 되는 구슬을 보배로 여기지 말고, 한 치의 시간을 다투라." —《명심보감》

"젊은 사람은 무섭다. 공부 여하에 따라 장차 어떤 큰일을 할 수 있을지 알 수 없다. 그러나 사십, 오십이 되어도 이름이 알려지지 않는다면 그런 사람은 무서울 게 없다." —《논어》

"어떤 직업이든 자기가 지배하면 즐겁고 복종하면 불쾌하다." —A. 알랭

6. 영화 속 명대사를 찾아서 적어 보자.

"사는 게 항상 이렇게 힘든 건가요? 아니면 어릴 때만 그런 건가요?"
"언제나 힘들지." -〈레옹〉

"자기 혼자서 빛나는 별은 없어. 별은 다 빛을 받아서 반사하는 거야." -〈라디오 스타〉

위에 적어 놓은 명대사 중 한두 개를 골라서 자유롭게 글을 써 보자.

7. 내가 좋아하는 격언을 인용해 감사일기를 적어 보자.

| 년 | 월 | 일 |
|---|---|---|
|   |   |   |

 남의 글을 적절하게 인용해 글을 쓰면 좋은 글을 쓸 가능성이 커져. 하지만 가장 좋은 건 내가 한 말을 남이 인용하게 하는 거지. 한 마디로 내가 이 세상에 없던 멋진 깨달음을 얻어 그걸 글로 남기는 거야. 그러면 나중에 다른 사람들이 내 말을 두고두고 인용하겠지!

# 결정적인 한 문장을
# 만들어 보자

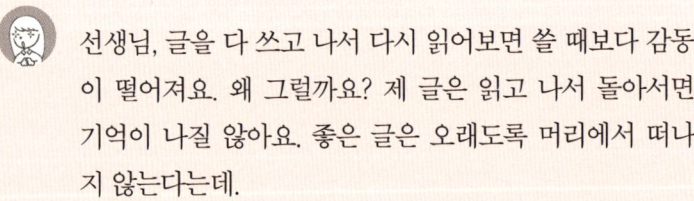

선생님, 글을 다 쓰고 나서 다시 읽어보면 쓸 때보다 감동이 떨어져요. 왜 그럴까요? 제 글은 읽고 나서 돌아서면 기억이 나질 않아요. 좋은 글은 오래도록 머리에서 떠나지 않는다는데.

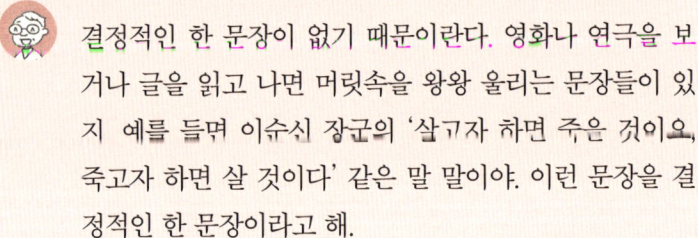

결정적인 한 문장이 없기 때문이란다. 영화나 연극을 보거나 글을 읽고 나면 머릿속을 왕왕 울리는 문장들이 있지. 예를 들면 이순신 장군의 '살고자 하면 죽을 것이오, 죽고자 하면 살 것이다' 같은 말 말이야. 이런 문장을 결정적인 한 문장이라고 해.

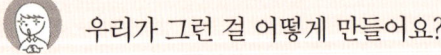

우리가 그런 걸 어떻게 만들어요?

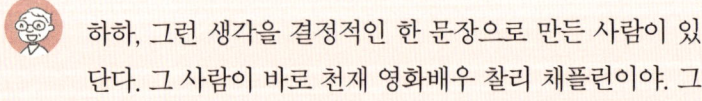

하하, 그런 생각을 결정적인 한 문장으로 만든 사람이 있단다. 그 사람이 바로 천재 영화배우 찰리 채플린이야. 그

사람은 결정적인 한 마디를 남겼지.

"인생은 멀리서 보면 희극이지만 가까이서 보면 비극이다."

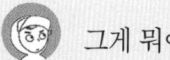 그게 뭐예요?

다른 사람의 인생은 다 완벽해 보이지? 하지만 가까이서 자세히 보면 보담이도 진로에 대해 고민하고 있고, 다른 사람들도 각자 자기 고민을 남들에게 털어놓지 못하고 있잖니. 그런 것을 결정적인 한 문장으로 함축시킨 거지. 이런 식으로 결정적인 문장을 만들고 거기에 글을 붙이면 글 쓰는 것이 아주 쉬워져. 유명 예술인이나 정치인들도 결정적인 한마디를 하곤 하지. 자신이 하고픈 말, 즉 주제를 한 줄로 정리하듯 한 편의 글에 하나의 주장을 넣는 게 좋아. 그런데 이 주장이 기억하기 좋은 매력적인 문장이면 오래도록 잊혀지지 않겠지. 정치인이 한 말 중에 그런 결정적인 문장이 뭐가 있을까?

링컨 대통령의 '국민을 위한 국민에 의한 국민의 정부'요.

맞아. 그 결정적인 말 한마디 때문에 링컨 대통령의 연설은 짧은 찬조 연설이었는데도 역사에 길이 남는 연설이 되었단다. 이런 식으로 결정적인 한 문장을 만들면 글을 쓰는데 많은 도움이 돼. 또 결정적인 문장이 주제가 되기도 하지.

그런 기억에 오래 남는 문장은 어떻게 만들죠?

결정적인 한 문장을 만들 때는 라임을 맞추거나 글자 수를 맞추면 더욱 좋지. 내가 어렸을 땐 결정적인 한 문장으로 이런 것도 있었단다.

중단 없는 전진 / 잘살아 보세.

간단하고 쉬운 것 같지만 잘 살고 싶어 하는 인간들의 욕망을 건드려 준 거였지. 아래와 같은 요령으로 문장을 만들면 좋아.

1. 라임을 맞춘다.
예 : 모범생이 되기보다 모험생이 되자.

2. 13글자를 넘지 않도록 하자.
예 : 소통이 없으면 고통이 따른다.

3. 대구를 이루거나 글자 수를 맞춘다.
예 : 나이 먹을수록 지갑은 열고, 입은 닫고.

와, 그러면 우리 반 급훈도 결정적인 한 문장이겠네요.

그게 뭔데?

공부는 내게 줄 수 있는 최고의 선물.

하하 그렇구나. 결정적인 한 문장을 만들면 글 쓸 거리가 명확해지지. 그래서 사실 모든 글의 근원은 시라고 할 수 있단다. 짧은 시에 살을 붙이면 산문이 되는 거고, 짧은 글을 압축시키면 시가 되는 거지. 결정적인 한 문장을 만들 수 있다면 좋은 글을 쓸 수 있어.

**Reading Text**
**글쓰기 예문**

## 악뿐만 아니라 선도 전염된다

우리는 한동안 메르스라는 중동에서 온 전염병으로 나라 전체가 큰 혼란을 겪었습니다. 전염성 강한 병으로 인해 많은 사람이 죽고 투병했으며 정치적·경제적 피해가 막심했습니다.

메르스 같은 병원균은 대부분 무서운 전염성을 지니고 있습니다. 한번 번지기 시작하면 걷잡을 수 없이 퍼져 나가 그 피해가 엄청나게 커집니다. 이 세상의 악이나 나쁜 행위도 마찬가지입니다.

가끔 여행하다 보면 고속도로가 정체될 때가 있습니다. 대부분의 차들은 길이 막혀도 그냥 자신의 순서를 기다리며 천천히 갑니다. 그런데 어느 순간 갓길로 얌체 같은 차 한 대가 비상등을 켜고 쌩 지나갑니다. 한 마디로 모든 사람이 지키는 질서를 깨뜨리는 비겁한 행동을 하는 것입니다. 그런데 문제는 그때부터입니다. 그렇게 한번 차가 지나가면 너도나도 그 차를 흉내 내면서 갓길로 달리기 시작합니다. 네가 하는데 나도 하면 어떠랴 하는 마음인 거죠. 그러면 고속도로는 순식간에 무법이 판치는 아수라장이 되고 맙니다.

저는 말세란 바로 그런 것이라고 생각합니다. 일부 악의 세력은 인간 세상에 늘 존재해 왔고 대개 적정선에서 억제됩니다. 그러다 어느 순간 어떤 계기로 악의 세력이 전염병처럼 창궐하면 모든 사람이 그 악의 세력을 닮아 가고 악의 세력에 끼지 못하면 바보가 된 것 같은 느낌을 받습니다.

(중략)

그렇지만 저는 희망도 품습니다. 제가 자주 이용하는 우리 집 앞 도로는 좌회전 차량이 많은 곳입니다. 그런데 좌회전을 기다리는 차들이 줄을 지어 서 있으면 꼭 중간에 끼어드는 차들이 있습니다. 제가 끼어들려는 차에 순순히 양보해 주면 재미있는 현상이 벌어집니다. 양보해 준 제가 바로 뒤에서 지켜본다는 사실을 의식해서인지 끼어든 그 차는 자기 앞에 다른 차가 들어오면 선선히 끼워 줍니다. 저는 거기에서 어떤 희망을 봅니다. 그걸 보고 저는 악한 행동뿐만 아니라 선한 행동도 전염된다는 것을 느꼈습니다. 남에게 선의를 입은 사람은 분명 자신도 선의로 갚으려 애씁니다. 그것이 인간의 속성이고 참 다행스러운 점입니다.

우리가 사는 이곳에 선의와 착한 행동이 만연해져 서로 옮기고 확산시켜 사랑이 충만해지면 살맛 나는 세상이 될 것입니다. 선도 전염될 수 있습니다.

나쁜 친구를 사귀면 고생한다는 말이 있다. 좋지 않은 영향을 받기 때문이다. 전염병, 습관, 중독 등 나쁜 영향을 미치는 것은 빨리 전염된다. 하지만 나는 선도 전염될 수 있다는 결정적인 한 문장을 독자에게 심어 주고 싶었다. 다른 말로 하면 우리 모두 악한 영향력을 떠뜨릴 수도 있지만 선한 영향력도 떠뜨릴 수 있음을 말하고 싶었던 거다.

| 글쓰기 연습장 | 년 월 일  |
| --- | --- |

1. 매력적인 결정적인 한 문장을 만들고 짧은 글을 써 보자.

"순간의 선택이 평생을 좌우한다."
"지금도 적들의 책장은 넘어간다."
"꽃으로도 때리지 마라."
"장학금은 늘 우수한 학생을 기다리고 있다."
"지금 잠자면 꿈을 꾸지만 지금 공부하면 꿈을 이룬다."

"순간의 선택이 평생을 좌우한다."

2. 다음은 거창고등학교의 직업 선택 10훈이다. 안정되고 보장된 자리를 버리고 교육자가 되어 청소년들을 양성한 전영창 교장 선생의 10훈은 결정적인 한마디라 할 수 있다. 이 가운데 가장 큰 감흥을 준 것을 한두 개 정해 글로 써 보자.

= 거창고등학교 직업 선택 10훈 =
1. 월급이 적은 쪽을 택하라.
2. 내가 원하는 곳이 아니라 나를 필요로 하는 곳을 택하라.
3. 승진의 기회가 거의 없는 곳을 택하라.
4. 모든 것이 갖추어진 곳을 피하고 처음부터 시작해야 하는 황무지를 택하라.
5. 앞을 다투어 모여드는 곳은 절대 가지 마라. 아무도 가지 않는 곳으로 가라.
6. 장래성이 전혀 없다고 생각되는 곳으로 가라.
7. 사회적 존경 같은 건 바라볼 수 없는 곳으로 가라.
8. 한가운데가 아니라 가장자리로 가라.
9. 부모나 아내나 약혼자가 결사반대하는 곳이면 틀림없다. 의심치 말고 가라.
10. 왕관이 아니라 단두대가 기다리고 있는 곳으로 가라.

3. 다음 글을 읽고 내가 생각할 때 결정적인 한 문장은 무엇인지 골라 적어
   보고 왜 그런지 내 생각을 정리해서 써 보자.

   내게 이러한 아들을 주소서
   약할 때 자신을 돌아볼 줄 아는 여유와
   두려울 때 자신을 잃지 않는 담대함을
   정직한 패배에 부끄러워하지 않고
   승리했을 때 겸손하고 온유한 아들을 내게 주소서

   생각할 때 고집부리지 않게 하시고
   주를 알고 자신을 아는 것이 지식의 기초임을
   아는 자녀를 내게 허락하소서

   원하오니 그를 평탄하고 안이한 길로 인도하지 마옵시고
   고난에 맞닥뜨려 분투 항거할 줄 알도록
   인도하여 주소서

   그리하여 폭풍우 속에서는 용감하게 싸울 줄 알고
   패자를 관용할 줄 알도록 가르쳐 주소서

   그 마음이 깨끗하고 그 목표가 높은 아들을
   남을 정복하기보다 먼저 자신을 다스릴 줄 아는 아들을
   미래를 바라보지만 지난날을 잊지 않는
   아들을 내게 주소서

   이런 것들을 허락하신 다음 유머를 알게 하시고
   생을 엄숙히 살아감과 동시에
   생을 즐길 줄 알게 하소서

   자신에게 지나치게 집착하지 말게 하시고

겸허한 마음을 갖게 하시어
참된 위로에서 오는 소박함이 있음을 알게 하시고
참된 지혜는 열린 마음에 있으며
힘은 온유함에 있음을 명심하게 하소서

그리하여 아비인 제가 어느 날 아들을 보며
인생을 헛되게 살지 않았노라
고백할 수 있도록 도와주소서

―맥아더, 〈아들을 위한 기도〉 전문

### 결정적인 문장

### 결정적인 문장으로 뽑은 이유는?

4. 앞에서 고른 결정적인 문장을 활용해 〈아들을 위한 기도〉를 패러디하여 〈○○을 위한 기도〉를 써 보자.

〈○○을 위한 기도〉

5. 책을 읽거나 영화를 보고 나서 또는 음악을 듣거나 미술 관람을 한 후 '한 줄 감상평'을 써 보자.

《아낌없이 주는 나무》(동화)
갑자기 우리 엄마가 생각나서 눈물이 주르륵 흘렸다.

결정적인 한 문장을 만들기 위해 훈련을 하고 싶다고? 그러면 시집을 많이 읽도록 해. 시는 시인들이 언어를 가지고 운율에 맞춰 창의성을 최대로 발휘한 거니까. 그게 어려우면 랩이나 노랫말을 자세히 음미해 보는 것도 좋은 방법이야. 시나 가사는 최대한 의미를 압축해 라임이나 대구를 맞춰 쓴 것들이니까. 예~.

## 홍보문이나 추천의
## 글을 써 보자

🧑 박사님, 뭐 재미있게 쓸 만한 글 없을까요? 기존 방식으로만 글 쓰는 건 너무 재미없어요.

👨 그럼 홍보문이나 추천의 글을 한번 써 볼까? 너희들이 가장 잘 아는 것을 남에게 널리 홍보하는 거지.

🧑 그런 거는 안 써 봤는데요.

👨 네가 잘 알고 있는 것을 남에게 알려주는 글이라고 생각하면 쉽단다. 자기가 잘 아는 것이기에 누구보다 쉽고 재미있게 설명할 수 있지. 민성이 너는 네가 쓰고 있는 핸드폰 기능 다 익혔니? 그걸 글로 쓸 수 있을까?

🧑 네, 짱 좋아요. 이거 신형인데요. 동영상 편집도 잘 되고요. 제가 알려줄 수 있는 게 많을 것 같아요.

🧑 그렇다면 그 핸드폰의 특장점이 돋보이게 글로 써 봐. 그러려면 다른 핸드폰과의 차별성과 네가 가진 핸드폰만의 독특한 특징을 잘 설명하는 게 관건이겠지? 재석이 너는 추천의 글을 한번 써 볼까?

🧑 뭘 추천하죠?

🧑 네가 제일 잘 알고 있는 게 보담이잖아. 보담이를 뽑으려고 하는 회사에다가 보담이를 추천하는 글을 써 보는 건 어때? 어렵게 생각할 것 없어. 네가 아는 보담이의 장점을 소개하면 되는 거야.

🧑 보담이야 자랑할 거리가 많죠. 공부도 잘하고, 성실하고, 똑똑하고, 예쁘고, 자기 관리 확실하고, 영어도 잘하고, 일 처리 야무지고…….

🧑 바로 그거야. 대개 글을 쓰라고 하면 어렵게 생각하지만 자기가 정말 좋아하는 물건, 혹은 좋아하는 사람, 좋아하는 일 등을 추천하거나 홍보하는 글을 쓰면 글 쓰는 게 어렵지 않고 재미있어진단다. 예를 들면 자기 고향에 대해서 글을 쓸 때 우리 고향은 어디입니다. 많이 놀러 오세요 하는 것보다는 자기가 고향의 홍보 대사가 돼서 사람들에게 고향 자랑을 하는 형식으로 쓰면 좀 더 좋은 글이

되지. 사람들이 많이 오게 하고 고향 사람들에게 돈을 벌게 해 주고 싶다는 생각을 하면 쓸 거리가 많아지겠지?

 네 맞아요.

 추천의 글도 마찬가지야. 추천한다는 것은 그 사람을 믿고 그 사람의 좋은 점을 알려주는 거니까 새로운 시각으로 관찰하게 되고 그것을 글로 옮기는 거니까 쉽고 재미있지. 홍보하고 추천하는 식으로 글을 써 보는 것도 글쓰기에 많은 도움이 돼. 글 쓰는 것이 막막하고 어려울 때는 특히 도움이 된단다.

## 청소년 필독서
## 까칠한 재석이 시리즈

흔히 청소년기를 질풍노도의 시기라고 한다. 누구도 막을 수 없다는 뜻이리라.

여기 누구도 막지 못할 멋진 녀석이 우리 곁에 나타났다. 그 이름은 까칠한 재석이. 학교 불량서클의 일진이었지만 개과천선해 새 삶을 사는 멋진 녀석. 녀석에게는 얼짱인 여자 친구 보담이가 있고, 둘도 없는 단짝 민성이와 향금이가 있다.

세상은 비록 재석이를 깔보고 자신들이 원하는 방향으로 가라 이끌지만 우리의 재석은 절대 굴하지 않는다. 청소년들을 이용하고, 그들을 통해 뭔가 얻으려는 자들은 조심해야 할 것이다. 재석이는 까칠하니까. 불의와 타협하지 않는 재석이가 있는 한 우리 청소년들의 삶은 안전하다.

질풍노도에 서핑을 즐기고 싶은가? 당장 재석이를 만나자.

재석이 시리즈 홍보 문구다. 호소력 있는 격문 스타일로 재석이의 피 끓는 정의감을 표현했다. 글의 형식은 내용과 어울려야 한다. 재석이를 소개하면서 옛날이야기처럼 '때는 바야흐로 춘삼월, 꽃 피고 새 우는 호시절에 재석이라는 총각이 있었다' 이렇게 표현할 수는 없기 때문이다.

> Reading Text
> 글쓰기 예문

## 앤디 워홀 시 365

-강만수 저, 신국판 변형, 420쪽, 정가 17,000원

　국내 최초로 미국의 화가이자 영화제작자이며 팝 아트의 선구자인 앤디 워홀과의 교감을 통해 그가 실현한 그림 공장처럼 시 공장을 무제한 가동한 《앤디 워홀 시 365》라는 시집이 발간됐다.

　2013년에도 《매니큐어》, 《독좌여산》 두 권의 시집을 펴낸 시인 강만수는 시집 《시공장 공장장》을 펴낸 뒤 문단에서 시 공장 공장장이라 불리며 화제를 불러일으켰다.

　보는 이들로 하여금 경악을 금치 못하게 했던 그의 놀라운 창작 욕구는 결국 《앤디 워홀 시 365》에서 터져 나왔다. 그는 어느 지면에도 발표하지 않은 365편의 미발표 신작 시를 이 시집에 등재했다. 이로써 그는 1,000편이 넘는 시를 쓴 몇 안 되는 시인의 반열에 올라섰다.

　(중략)

　그는 이 시집을 통해 시 365편을 하루에 한 편씩 1년 내내 읽으라고 권한다. 매일 한 편의 시를 읽는 삶, 그것은 얼마나 새롭고 신선한가. 우리가 늘 내뱉는 언어, 말들을 정제한 한 편의 시를 읽고 하루를 시작한다는 것은 아침 식탁에 아름다운 장미 한 송이를 꽂아 두는 것과 마찬가지리라.

하지만 시를 장미처럼 매일 테이블 위에 올려놓을 수 있는 사람은 몇이나 될까. 아무리 심혈을 기울여 역작을 발간해도 그 누구도 돌아보지 않는 현실, 모든 것을 돈으로 환산하는 현실, 대량 복제해야만 먹고 살 수 있는 현실. 이것이 산업사회 속 우리의 모습이다. 무한히 복제하고 퍼뜨리고 알리며 자신의 이익을 극대화하는 것. 그렇게 따진다면 시 창작은 정말 경제성도 없고 효용성이 떨어지는 어리석은 짓이 아닐 수 없다.

시인은 그런 현실을 조롱한다. 그렇다면 나도 어디 한 번 무한 복제해서 엄청난 양의 시를 쏟아 내 보리라. 아물지 않는 상처를 후벼 파서 그 진물로 끊임없이 예술 작품을 만들듯 매일 읽고도 넘칠 시들을 선사하리라.

(하략)

시집 보도자료다. 보도자료라는 건 언론사에 보내 소개되기를 기대하고 쓰는 홍보문이다. 기자들이 쉽게 이해하고 관심을 끌게 해서 보도가 되는 것을 목적으로 하고 있으므로 주목받을 수 있게 쓰여야 한다.

글쓰기 연습장                    년    월    일

1. 내가 가장 아끼는 필기구를 선택해 장점을 소개하는 홍보 문안을 작성해 보자.

2. 우리 학교를 소개하는 홍보의 글을 써 보자.

우리 학교가 다른 학교보다 좋은 점

1.

2.

3.

홍보 글 쓰기

3. 우리나라의 대표적인 음식인 김치를 홍보하는 글을 써 보자.

김치의 종류: 배추김치, 보쌈김치……

김치의 좋은 점: 저칼로리, 식욕 증진, 맛있다……

김치를 맛있게 먹는 방법:

김치에 대한 자료 조사가 끝났으면 외국인이나 김치를 좋아하지 않는 어린이에게 김치를 홍보하는 글을 써 보자.

4. 건강에 좋은 운동에는 무엇이 있는지 하나를 정해서 추천하는 글을 써 보자.

5. 내가 활동하는 동호회나 모임을 소개하는 홍보문을 써 보자.

홍보 글을 잘 쓰면 카피라이터가 될 수 있어. 또 창의적으로 글을 써 사람들을 감동시킬 수도 있지. 아주 매력적인 분야니까 관심 있는 친구들은 도전해 보라고.

# 9
# 동식물이나 사물을 주인공으로 글을 써 보자

 박사님 댁 고양이는 정말 똑똑한 것 같아요.

 그렇지. 내 곁에 오래 있다 보니 그래. 제자들 가르치는 걸 보고 들으면서 지식이 쌓인 것 같아. 서당 개 삼 년이면 풍월을 읊는다더니. 하하, 고양이를 주인공으로 한 일본 소설도 있지.

 고양이가 말을 하나요?

 《나는 고양이로소이다》가 바로 그 소설이야. 일본 근대 문학의 아버지인 나쓰메 소세키가 조너선 스위프트의 《걸리버 여행기》와 로렌스 스턴의 《신사 트리스트럼 샌디의 생애와 의견》의 영향을 받아 쓴 작품이란다. 영어 교사인 구샤미의 집에서 기르는 고양이인 '이몸' 시점에서 구샤미의 일가와 구샤미 집에 모이는 그의 친구들과 문하생들의 인간 군상을 풍자적으로 묘사한 작품이란다.

개를 주인공으로 한 건 없을까요?

좋은 생각이로구나. 파블로프의 개를 주인공으로 소설을 써 보는 건 어떨까? 파블로프의 개라면 조건반사를 설명할 때 늘 등장하잖아. 길을 가다가 다른 개를 만났어. 그 개가 배고픔에 떨고 있으니까 파블로프의 개가 뭐라고 했는지 아니? "야, 인간들은 말이야, 정말 웃겨. 종을 땡땡 칠 때 내가 침만 좀 흘려주면 먹을 거를 준다."

 하하하하!

파블로프는 개의 조건반사를 발견했지만, 어때? 개 입장에서 보면 우스운 일이잖아.

그러면 개미 입장에서 본 베르나르 베르베르의《개미》도 그런가요?

그렇지. 개미 입장에서 사람을 보는 거지. 재석이는 뭐가 되어서 세상을 보고 싶니?

저는 가죽장갑이 되어서 세상을 보면 재밌을 것 같아요.

따뜻하고 멋을 내기 위해 만들어진 가죽장갑인데 어떤 아이가 장갑을 사 가지고 그걸로 주먹질하는 거예요. 그러니까 자기는 원래 손을 따뜻하게 해 주는 멋진 패션 용품인데 자기가 아이들을 두들겨 패는 데 쓰여서 슬퍼하는 내용이면 좋을 것 같아요.

그러면서 학교 폭력의 안 좋은 점을 묘사하면 되겠구나. 보담이는?

저는 제 볼펜이요. 공부 열심히 하는 애들은 필기하는 힘도 아깝다고 제일 잘 나오는 볼펜을 사거든요. 매끄럽게 잘 써지는 볼펜이 주인공이 되어서 공부 잘하는 애, 못하는 애, 혹은 죽음을 앞둔 사람에게 인생을 마감하는 소감을 쓰게 하면 재미있을 것 같아요.

저는 제 스마트폰을 주인공으로 해서 글을 쓰면 재미있을 것 같아요. 수많은 동영상을 찍으면서 스마트폰이 사람들 살아가는 걸 알아 가는 내용으로요.

그렇게 애완동물이나 사물로도 쓸 거리가 많구나. 갑자기 시각을 바꾸니까 어때? 쓸거리가 많아지지? 뭐 하고 있어? 당장 써 보도록 하자.

**Reading Text**
**글쓰기 예문**

## 작은 레이스 무늬

　그래요. 나는 작고 아주 작은 섬유질이었어요. 너무 작아서 현미경으로 봐야 할 지경이었죠. 나의 세포들이 길게 분화되자 옆에 있는 비슷한 세포들이 같이 자라나는 것을 느낄 수 있었죠. 뜨거운 햇살과 싱그러운 바람이 나를 키웠어요. 수없이 많은 다른 섬유들과 엉켜서 나는 꽃처럼 하얗게 피어올랐어요. 그래도 꽃은 아니랍니다. 정신을 차리고 하늘을 바라보니 구름 한 점 없는 하늘에서 뜨거운 햇살이 내리쬐는데 온 들판에 나처럼 하얀 꽃들이 피어 있더라고요. 끝 간 데 없이 피어오른 꽃을 사람들은 목화라고 불렀어요. 자세히 살펴보니 이곳은 애리조나 주의 평원. 뜨거운 사막의 햇살을 받으며 나는 목화로 성장해 한 송이 꽃이 되어 사막의 바람을 맞고 있었던 거예요. 그런 나에게 운명의 날이 다가왔어요. 커다란 목화 수확기가 굉음을 내며 우리를 휩쓸고 지나갔죠. 들판 가득했던 목화송이 하나하나는 그 안으로 빨려 들어갔어요. 커다란 마대 자루에 들어간 우리는 서로 사각사각 속삭였어요.
　"우리는 어디로 가는 걸까?"
　"글쎄 말이야."
　그때부터 우리는 길고 긴 여행을 시작했어요. 마대 자루는 통째로 들리어 한참을 흔들리고 떠밀리며 낯선 곳을 향해 달려갔죠.

그곳은 실을 만드는 제사 공장이었어요. 우리는 기계에 들어가 거칠게 흔들리고, 씨가 빠지면서 섬유질만 남았지요. 그 와중에 나도 다른 섬유질들과 함께 기계 안으로 끌려들어 갔어요. 쇠로 만든 갈고리들은 우리를 갈가리 찢고 분류하고 뒤섞어 흔들었어요. 그리고는 각종 첨가물이 들어오기 시작했죠. 우리와는 전혀 다른 종류의 화학 섬유들이 들어와 섞이고 뒤엉키더니 우리는 가는 구멍으로 밀려 나가면서 꼬이기 시작했어요. 요란한 소리와 함께 우리는 빠른 속도로 꼬이며 무언가에 감기기 시작했어요. 기계적으로 꼬이며 감기더니 결국 나는 완제품이 되었어요. 기계는 나에게 비닐 포장을 씌우고 스티커를 붙였지요. 그건 비로소 섬유질이 모여 실이 된 나의 이름이었답니다. 맞아요, 울트라 화이트. 나는 울트라 화이트라는 실타래로 거듭났습니다.

-고정욱, 〈작은 레이스 무늬〉 중에서

〈작은 레이스 무늬〉(부분 인용)는 작은 섬유의 시각으로 인간 삶의 원리와 우주의 법칙을 알려 주는 우화다. 생략된 이야기에는 이 실이 나중에 커다란 레이스가 되고 식탁보가 되어 가는 과정을 통해 나는 부분인 동시에 전체고 우리는 모두 하나라는 주제 의식을 담고 있다.

글쓰기 연습장                    년    월    일

1. 만 원짜리 지폐의 탄생과 쓰임, 그리고 폐기되는 과정을 인간의 생애에 빗대어 글로 써 보자.

2. 다음 물건 중 하나를 골라 살아 숨 쉬는 주인공으로 의인화해 하루 일과를 묘사해 보자.

   핸드폰, 자동차, 신발, 청바지, 엘리베이터, 신용카드, 볼펜

3. 동물의 시선에서 인간을 보면 어떤 느낌일지 상상력을 발휘하여 자유롭게 써 보자.

개 : 내가 꼬리를 흔드는 것은 파리를 쫓으려는 것인데 사람들은 반가워서 그러는 줄로 착각하니 우습다.

4. 사물이나 동물 가운데 하나를 주인공 또는 화자로 해 '나'를 관찰한 글을 써 보자.

 나는 사실 글보다는 그림 쪽에서 인기가 더 많아. 헬로키티라든가 각종 캐릭터에 자주 등장하거든. 하지만 그림도 결국 창의적인 작업이니까 의미가 있긴 하네. 이놈의 인기란. 야옹!

# 10
# 대안을 제시하는
# 글을 써 보자

🧑 박사님, 우리 학교 학칙은 너무 엄해요. 치마 길이를 제한하고 머리도 귀밑에서 몇 cm 이상 길면 안 되고, 또 염색하면 안 되고……. 그래서 아이들 반발이 심해요. 맨날 학교 게시판에 글 올리고 학칙 개정해 달라고 하지만 안 해 줘요. 그렇게 하면 아이들 학생 지도에 문제가 생긴다나요.

🧑 그렇게 비판만 할 게 아니라 너희들이 어떻게 하면 학생 지도를 잘할 수 있는지에 대해 글을 써 보면 어떨까? 비판할 땐 그 문제를 해결할 수 있는 대안이 있어야 돼. 비판을 위한 비판이 아니라 대안을 가지고 글을 쓸 줄 아는 능력이야말로 더욱 경쟁력 있는 글쓰기로 인정받을 거야. 그냥 비판만 해서는 설득력을 얻을 수 없어.

🧑 그런 건 생각 안 해 봤어요.

그럼 이번 기회에 한번 해 보도록 하자. 대안이 있는 글은 굉장히 좋은 글이야. 예를 들어 청년 실업 문제가 사회적으로 큰 문제가 되고 있잖니? 그러면 청년들이 취업이 안 되고 있다고 떠들기만 할 것이 아니라 대안을 찾아서 제시해야 문제가 해결되지 않겠어? 재석이 네가 생각하기에 뭐가 대안이 될 수 있을까?

 통일이 되면 좋을 것 같아요. 통일이 되면 남한의 기술과 북한의 원료를 활용하여 여러 가지 사업을 벌일 수 있을 테고, 남과 북의 균형 발전을 위해 여러 가지 개발 사업을 하다 보면 북한에서 할 일도 많아질 거 아녜요. 청년들이 그곳에 가서 일하면 나라도 발전하고 직업도 생기고 우리나라 힘도 커지잖아요.

 그렇지. 통일이 좋은 대안일 수 있겠구나. 당장 이루어지긴 어렵겠지만. 민성이는 어때?

 저는 외국에 가서 일하면 좋을 것 같아요. 아직 개발 중인 나라가 많으니까 젊은이들이 용기를 내서 고생할 각오로 외국에 가서 혼신의 힘을 다해 일하면 꿈도 이룰 수 있고 또 우리나라 국력도 세계로 퍼질 수 있을 것 같아요.

 공부는 정말 하고 싶은 사람만 하고 나머지 사람은 공부가 아니라 기술을 개발하면 좋겠어요. 기술이나 직업 훈련을 받아도 그걸 인정받고 존경해 주는 사회 풍토가 만들어진다면 사람들이 꼭 대기업에만 취업하려 하지 않을 테고 땀 흘려 일할 수 있는 직장에서 만족하면서 살 수 있을 것 같아요. 월급을 비슷하게 주면 될 것 같아요.

 그렇지! 그렇게 문제가 있을 때 그 문제에 대한 자기 나름의 해결 방식을 정해 놓고 글을 쓰면 좋은 글이 될 수 있단다.

## 양극화 해소의 일환으로 재활 병원을 짓자

　얼마 전에 모 재단 관계자들과 함께 일본의 재활 복지시설 현황을 둘러보았다. 그들은 앞으로 다가올 4월을 두려워하고 있었다. 오랜 경제난으로 일본의 사회복지 체계가 그때부터 많이 바뀔 예정이기 때문이었다. 복지 관련 예산이 축소되면서 제도와 규칙은 더 까다롭고 복잡해질 전망이었다. 그럼에도 불구하고 오사카의 경우만 해도 24개 구마다 한 개씩 재활 병원을 갖추고 있어 정말 부럽지 않을 수 없었다.

　당신에게 어느 날 교통사고가 일어났다고 가정을 해 보자. 아니, 뇌출혈이 발생해 갑자기 신체의 반을 못 쓰게 되었다고 가정하면 가장 먼저 가야 할 곳은 병원 응급실일 것이다. 수술이라든가 응급 치료 등의 조처가 끝나면 그다음으로 해야 할 일은 장애 입은 몸을 추슬러 회복을 하는 것인데 대개 교통사고나 뇌출혈 등은 회복 기간이 길 뿐만 아니라 재활 훈련이 필요하다.

　그런데 놀랍게도 세계 10위권의 무역 대국인 우리나라에서 재활 훈련을 받는 것은 지극히 어려운 일이다. 현재 우리나라의 등록 장애인은 250여만 명, 그 가운데 지속적으로 재활 치료를 받아야 하는 사람은 120만 명을 넘는다. 교통사고와 뇌졸중 등 후천적인 이유로 장애인이 되는 사람은 매년 30만 명가량인데 재활 병원이 턱없이 부족해 이 가운데 2% 정도의 사람들만이 재활 치료를 받을 수 있다. 그 때문에 모든 재활 병원은 입원 기한을 정해 놓고 환자를 받고 있으며 많은 환자가 입원을 못 해 전국을 떠돌고 있다. 상상이 되는가. 지금이 6·25 전쟁 같은 전시(戰時)도 아닌데 환자들이 자신의 몸을 의탁하기 위해 방방곡곡을 헤매는 모습을.

병원이 부족한 근본적인 이유는 정부와 지방자치단체가 장애를 개인적인 불행으로만 여기고 있기 때문이다. 장애가 확률의 문제라면 누군가는 반드시 당할 수밖에 없는 일이고, 그것이 나일 수도 있기에 이런 무책임한 방기(放棄)의 철퇴는 언젠가 내 머리에 떨어질 수도 있다.

이번에 보고 온 일본 고베 시는 타산지석(他山之石)이 될 만하다. 1977년 고베 시장은 유럽의 복지 타운을 보고 와서 관내에 재활 시설을 짓기로 결정했다고 한다. 1988년에 개장한 종합복지타운 행복촌 안에는 장애인, 고령자를 위한 사회복지시설은 물론이고, 재활 병원까지 있다. 고베 재활 병원의 경우 60병상씩 3개 층 모두 180병상 규모다. 시설은 뇌졸중과 뇌경색 환자 중심이었는데 집에 돌아가 생활할 만큼 재활 훈련이나 치료가 되지 않은 환자들이 머물면서 부족한 부분을 보완하는 곳이다. 평균적으로 이 병원에서 3개월 정도 지내면 집에 돌아가 일상생활이 가능하다고 했다. 220여 명의 직원과 간호사 70여 명이라는 엄청난 고용 창출 효과를 불러일으킨 것도 확인할 수 있었다.

정부가 추진하는 양극화 해소는 꼭 가난 문제만이 아니다. 고통을 당하고 있는 장애 환자에게 관심을 쏟는 것도 그중 하나가 되어야 할 것이다. 가족과 간병인 대신 의료진과 자원봉사자가 환자를 24시간 보호하는 선진국 형태의 재활 병원 건립이 시급하다. 가족 중에 장애인이 한 명 생기면 나머지 가족 구성원까지 거기에 매달리게 되므로 온 가족이 빈곤의 나락으로 떨어지는 일이 비일비재하기 때문이다. 이를 막기 위해 지방자치단체가 병원 부지를 무상 임대하거나 건립 비용 일부를 민간단체에 지원해 주는 일이 시급히 이루어져야 한다. 이는 고효율의 고용 창출이기도 해서 머뭇거릴 이유가 없는 것이다.

일본에서 시행하고 있는 재활 병원이 일자리 창출에 도움이 된다는 걸 견학하고 와서 우리 사회 문제인 청년 실업이나 양극화 해결 방안으로 쓴 글이다. 없던 것을 만들면 당연히 일자리가 생기고 그 일자리를 통해 가난이 해소될 수 있다는 논리다.

| 글쓰기 연습장 | 년　　월　　일 |

1. 같은 교실 내에서도 학생들 간에 학력 차이가 난다. 우등생은 수업이 수준 낮다고 다른 공부를 하고, 공부가 부족한 학생은 수업을 따라가지 못한다. 이에 대한 문제점을 제시하고 대안을 생각해 글을 써 보자.

2. 지금 내가 하고 있는 고민 중 몇 가지를 적어 보자.

게으르다, 화를 잘 낸다,

가장 우선순위 1등인 고민을 골라서 고민을 해결할 수 있는 대안을 생각해 글을 써 보자.

3. 장애인용 주차장에 비장애인들이 주차해서 정작 장애인들이 필요할 때는 사용을 못 하는 일이 생긴다. 하지만 이를 단속할 공무원 수는 턱없이 부족하다. 이러한 문제를 효과적으로 해결할 수 있는 아이디어를 찾아보자.

1.

2.

3.

정리한 아이디어를 바탕으로 문제를 해결할 대안을 제시하는 글을 써 보자.

4. 드릴이나 전동 공구는 편리성 때문에 고가임에도 불구하고 각 가정에서 구입하지만 정작 자주 사용하지 않는다. 구입하지 않고도 필요할 때 편리하게 쓸 수 있는 아이디어는 없을까? 대안을 찾아서 글로 정리해 보자.

5. 자동차는 주차되어 있는 시간이 운행하는 시간보다 많다. 자동차를 효율적으로 이용하고, 비용도 절감할 수 있는 방안은 없을까?

대안을 글로 정리해 보자.

 대안 없이 비판만 하는 건 의미가 없어. 비판은 발전을 위한 것이기 때문이야. 대안을 만들 수 있는 사람이라면 그 사람은 분명 사회 발전에 도움이 되는 사람이라고. 그러다 보면 나중에 대통령이 될 수도 있지 않을까?! 국가 문제에 대안을 제시하는 거니까.

3장

# 어떻게 써야 하나?

앞에서 무엇을 써야 하는지에 대해 생각해 보았다. 지금까지 이야기한 것이 요리 재료였다면 이 장에서는 본격적인 레시피를 소개하려 한다. 같은 재료를 주고 요리해 보라고 하면 셰프마다 다른 요리를 하는 것과 같다. 진정한 글쓰기는 같은 소재를 놓고 어떻게 다르게 쓰는가에서 달라지기 때문이다. 다양한 글쓰기 비법을 내 것으로 만드는 방법은 딱 하나다. 잘 될 때까지 반복해서 많이 써 보는 것. 연습이 천재를 만든다.

# 1
# 망원경과 현미경이 되어
# 글을 써 보자

박사님, 작가들의 글을 읽다 보면 어떨 때는 빠르게 넘어가고 어떨 때는 한없이 파고들게 돼요.

좋은 걸 발견했구나. 그건 서술을 어떤 식으로 했느냐에 따라 차이가 나기 때문이지. 중요하다고 생각하는 부분은 자세하게 묘사해야 해. 예를 들면 이런 거야. 탐정이 단서가 될 만한 물건을 범인의 방 서랍에서 발견하는 상황이라고 생각해 봐. 그럴 때는 현미경 같은 묘사가 필요하지.

어떻게요?

서랍 안에 있는 물건들을 하나하나 자세하게 설명해야지.

마호가니 책상 서랍 안에는 붉은색 매니큐어와 면봉, 그리고 매니큐어를 지울 때 쓰는 아세톤이 있었다. 그 옆에는 시커먼 45구경 권총이 장전된 채 삐딱하게 자리를 잡고 있었고 스테이플러와 볼펜이 두 개 있었다. 작은 메모용 수첩과 USB 메모리 저장 장치도 한쪽 구석에서 발견되었다. 범인의 서랍은 이 사건의 단서가 될 만한 판도라의 상자였다.

어때? 서랍을 열어서 직접 본 것 같지 않아? 이건 현미경으로 본 것처럼 아주 자세히 살핀 것이야. 좀 더 먼 곳에서 망원경으로 묘사하면 이렇게 되겠지.

월스트리트 56번가부터 74번가까지의 거리에는 사람의 흔적이라고는 전혀 없었다. 길리엇 탐정은 스포츠카를 천천히 몰며 건물마다 살피고 지나갔다. 범인이 어느 골목으로 숨었을까 오감을 곤두세우며 자동차 핸들을 조작했다. 마침내 76번가 시티은행 건물 모퉁이를 돌아가는 검은 그림자를 발견했다.

 영화를 보는 것 같아요.

 마침내 범인을 발견했어. 그때부터는 어떻게 해야겠어? 망원경 가지고는 안 되겠지? 그때는 다시 현미경이 되어야지.

트렌치코트를 입은 범인의 키는 1미터 80센티미터 정도였다. 래이밴 선글라스를 낀 회백색 얼굴 왼쪽 뺨에는 10센티미터 정도 길이로 칼자국이 나 있었고, 콧수염을 정성 들여 가꾼 듯했다. 탐정을 발견한 그는 어금니를 꽉 깨물었는지 얼굴 근육이 마구 불끈거렸다. 본능적으로 코트 주머니에 손을 넣는 것이 38구경 권총 정도는 그 안에 있는 것 같았다.

와! 정말 자세해요.

그렇지? 범인을 추적하는 과정은 망원경으로 주시하듯 묘사하고 범인을 만났을 때는 자세히 묘사하니까 범인의 얼굴이 눈앞에 생생하게 보이는 것 같지. 그런데 자세히 묘사하겠다고 계속 얼굴, 손, 발까지 묘사하면 어떨까? 안 되겠지? 망원경과 현미경으로 번갈아 가며 적절하게 묘사해야 해. 중요한 것은 현미경으로 볼 것인지, 망원경으로 볼 것인지를 결정하는 것이야. 이것이 잘 어울릴 때 비로소 좋은 글이 된단다.

그러면 언제 망원경을 쓰고, 언제 현미경을 쓰나요?

좋은 질문이야. 언제 망원경을 써야 하고 언제 현미경을 써야 하는지 원칙은 없단다. 원칙은 없지만 효과를 최대한 발휘하기 위해 그때그때 잘 활용해야 해. 필요한 주제와 소재에 맞게 글 쓰는 사람이 알아서 망원경과 현미경을 들이대야 한단다. 그것을 얼마나 적절하게 적용하는지가 글쓰기 능력이지. 무엇이든 하루아침에 되진 않아. 남들이 쓴 걸 읽어 보면서 어떨 때 현미경과 망원경을 들이댔는지를 익히고 또 많이 써 봐야 한단다.

## 운수 좋은 날 📖

　　학생을 태우고 나선 김 첨지의 다리는 이상하게 가뿐하였다. 달음질을 한다느니보다 거의 나는 듯하였다. 바퀴도 어떻게 속히 도는지 구른다느니보다 마치 얼음을 지쳐 나가는 스케이트 모양으로 미끄러져 가는 듯하였다. 얼은 땅에 비가 내려 미끄럽기도 하였지만.
　　이윽고 끄는 이의 다리는 무거워졌다. 자기 집 가까이 다다른 까닭이다. 새삼스러운 염려가 그의 가슴을 눌렀다.
　　'오늘은 나가지 말아요. 내가 이렇게 아픈데.'
　　이런 말이 잉잉 그의 귀에 울렸다. 그리고 병자의 움쑥 들어간 눈이 원망하는 듯이 자기를 노리는 듯하였다. 그러자 엉엉하고 우는 개똥이의 곡성을 들은 듯싶다. 딸꾹딸꾹하고 숨 모으는 소리도 나는 듯싶다.
　　"왜 이러우, 기차 놓치겠구먼."
하고 탄 이의 초조한 부르짖음이 간신히 그의 귀에 들어왔다. 언뜻 깨달으니 김 첨지는 인력거 채를 쥔 채 길 한복판에 엉거주춤 멈춰 있지 않은가.
　　"예, 예."
하고 김 첨지는 또다시 달음질하였다. 집이 차차 멀어갈수록 김 첨지의 걸음에는 다시금 신이 나기 시작하였다. 다리를 재게 놀려야만 쉴 새 없이 자기의 머리에 떠오르는 모든 근심과 걱정을 잊을 듯이. (망원경 묘사)

(중략)

선술집은 훈훈하고 뜨뜻하였다. 추어탕을 끓이는 솥뚜껑을 열 적마다 뭉게뭉게 떠오르는 흰 김, 석쇠에서 뻐지짓뻐지짓 구워지는 너비아니구이며 저육이며 간이며 콩팥이며 북어며 빈대떡…… 이 너저분하게 늘어놓인 안주 탁자, 김 첨지는 갑자기 속이 쓰려서 견딜 수 없었다. 마음대로 할 양이면 거기 있는 모든 먹음먹이를 모조리 깡그리 집어삼켜도 시원치 않았다. 하되 배고픈 이는 우선 분량 많은 빈대떡 두 개를 쪼이기로 하고 추어탕을 한 그릇 청하였다. 주린 창자는 음식 맛을 보더니 더욱더욱 비어지며 자꾸자꾸 들이라 들이라 하였다. 순식간에 두부와 미꾸리 든 국 한 그릇을 그냥 물같이 들이켜고 말았다. 셋째 그릇을 받아 들었을 제 덥히던 막걸리 곱빼기 두 잔이 더웠다. 치삼이와 같이 마시자 원원이 비었던 속이라 찌르르하고 창자에 퍼지며 얼굴이 화끈하였다. 눌러 곱빼기 한 잔을 또 마셨다. 김 첨지의 눈은 벌써 개개풀리기 시작하였다. 석쇠에 얹힌 떡 두 개를 쭝덕쭝덕 썰어서 볼을 불룩거리며 또 곱빼기 두 잔을 부어라 하였다. (현미경 묘사)

(중략)

김 첨지는 방문을 왈칵 열었다. 구역을 나게 하는 추기……. 떨어진 삿자리 밑에서 올라온 먼지내, 빨지 않은 기저귀에서 나는 똥내와 오줌내, 가지각색 때가 켜켜이 앉은 옷내, 병인의 땀 썩은 내가 섞인 추기가 무딘 김 첨지의 코를 찔렀다.

　방 안에 들어서며 설렁탕을 한구석에 놓을 사이도 없이 주정꾼은 목청을 있는 대로 다 내어 호통을 쳤다.

　"이런 오라질 년, 주야장천 누워만 있으면 제일이야. 남편이 와도 일어나지를 못해?"

라는 소리와 함께 발길로 누운 이의 다리를 몹시 찼다. 그러나 발길에 차이는 건 사람의 살이 아니고 나뭇등걸과 같은 느낌이 있었다. 이때에 빡빡 소리가 응아 소리로 변하였다. 개똥이가 물었던 젖을 빼어놓고 운다. 운대도 온 얼굴을 찡그려 붙여서 운다는 표정을 할 뿐이라 응아 소리도 입에서 나는 게 아니고 마치 뱃속에서 나는 듯하였다. 울다가 울다가 목도 잠겼고, 또 울 기운조차 시진한 것 같다. (현미경 묘사)

-현진건, 한국문학을 권하다 04《운수 좋은 날》, 애플북스

현진건의 <운수 좋은 날>(부분 인용)은 치밀하고 섬세한 사실주의적 묘사가 압권인 작품이다. 필요한 부분은 생생하게 현장감 있게 현미경을 들이대며 자세하게 묘사하지만 생략 가능한 부분은 과감하게 시공을 건너뛰어 요점만 간단하게 전달하면서 조화를 이루어 서술했다.

| 글쓰기 연습장 | 년 월 일 |

1. 아래의 예문에 현미경을 들이대고 세밀하게 묘사해 보자.

   자기가 세상에서 제일 빠르다고 우쭐대는 토끼가 느림보 거북이와 만났어요.
   산꼭대기까지 누가 먼저 가나 경주를 한 거예요.
   토끼는 깡충깡충, 거북이는 엉금엉금, 한달음에 토끼는 산 밑까지 갔어요. 거북이는 아직 조금밖에 가지 못했어요. 토끼는 늘어지게 낮잠을 잤어요. 그 사이에 거북은 산꼭대기에 먼저 도착했어요.

   →

2. 아래 현미경으로 들여다본 듯한 문장을 망원경으로 본 듯 묘사해 보자.

C여학교에서 교원 겸 기숙사 사감 노릇을 하는 B 여사라면 딱장대요, 독신주의자요, 찰진 야소꾼으로 유명하다. 사십에 가까운 노처녀인 그는 주근깨투성이 얼굴이, 처녀다운 맛이란 약에 쓰려도 찾을 수 없을 뿐인가, 시들고 거칠고 마르고 누렇게 뜬 품이 곰팡 슨 굴비를 생각나게 한다.

여러 겹 주름이 잡힌 훌렁 벗겨진 이마라든지, 숱이 적어서 법대로 쪽 지거나 틀어 올리지를 못하고 엉성하게 그냥 빗겨 넘긴 머리 꼬리가 뒤통수에 염소 똥만 하게 붙은 것이라든지, 벌써 늙어가는 자취를 감출 길이 없었다. 뾰족한 입을 앙다물고 돋보기 너머로 쌀쌀한 눈이 노릴 때엔 기숙생들이 오싹하고 몸서리를 치리만큼 그는 엄격하고 매서웠다.

— 현진건, 〈B 사감과 러브레터〉 중에서

→

3. 내 초등학교 시절은 어땠는지 망원경 기법으로 5줄 정도로 묘사해 보자.

4. 우리 동네를 현미경과 망원경 기법을 적절하게 사용하여 묘사해 보자.

 우리 고양이의 눈에는 조리개가 있어. 밝을 땐 닫히고 어두울 땐 활짝 열리지. 글을 쓸 때도 이렇게 자동으로 현미경과 망원경을 들이댈 수 있으면 좋을 거야.

# 2
# 의식의 흐름에 따라
# 자동기술법으로 글을 써 보자

🧑 선생님, 글을 쓸 때는 먼저 개요를 짜고 주제를 정하고 소재를 정해야 한다고 배웠는데 그렇게 순서에 맞춰 글을 쓰다 보면 너무 답답해서 글이 안 써져요.

🧑 야, 그냥 아무렇게나 써.

🧑 그렇지. 민성이 말이 맞단다. 아무렇게나 쓰다 보면 좋은 글이 될 수도 있어. 그런 걸 창작 기법에서는 자동기술법이라고 해.

🧑 글이 자동으로 써진단 말예요? 천재인가요?

🧑 그게 아니라 자동기술법은 아무런 의식이나 의도 없이 이성적 판단이나 윤리적 편견, 비판이나 계산 없이 자유롭게 기록하는 방법이지. 쉽게 말해 떠오르는 대로 적어

나가는 거야. 1920년대 초현실주의 시인인 앙드레 브르통 같은 사람은 최면 상태에서 시를 쓰려고도 했지. 그런 글이 엉터리인 것 같지만 사실 인간의 무의식적인 심리 상태의 기록이라 예술적으로 의미가 있다고 주장했단다.

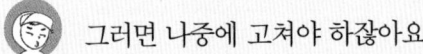 그러면 나중에 고쳐야 하잖아요.

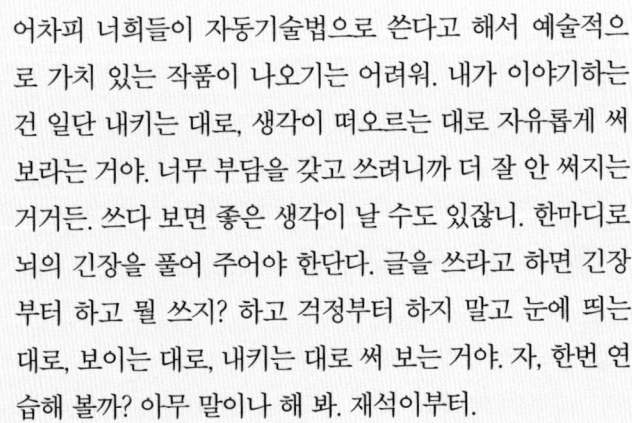 어차피 너희들이 자동기술법으로 쓴다고 해서 예술적으로 가치 있는 작품이 나오기는 어려워. 내가 이야기하는 건 일단 내키는 대로, 생각이 떠오르는 대로 자유롭게 써 보라는 거야. 너무 부담을 갖고 쓰려니까 더 잘 안 써지는 거거든. 쓰다 보면 좋은 생각이 날 수도 있잖니. 한마디로 뇌의 긴장을 풀어 주어야 한단다. 글을 쓰라고 하면 긴장부터 하고 뭘 쓰지? 하고 걱정부터 하지 말고 눈에 띄는 대로, 보이는 대로, 내키는 대로 써 보는 거야. 자, 한번 연습해 볼까? 아무 말이나 해 봐. 재석이부터.

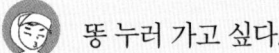 똥 누러 가고 싶다.

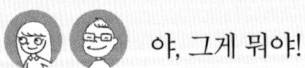 야, 그게 뭐야!

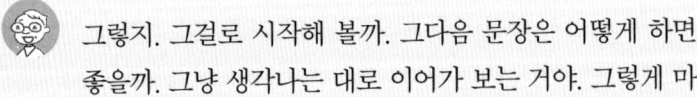 그렇지. 그걸로 시작해 볼까. 그다음 문장은 어떻게 하면 좋을까. 그냥 생각나는 대로 이어가 보는 거야. 그렇게 마

음껏 이어나가다 보면 어디선가 가닥이 잡히겠지. 민성이는?

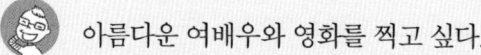
아름다운 여배우와 영화를 찍고 싶다.

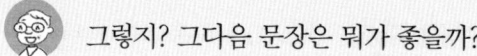
그렇지? 그다음 문장은 뭐가 좋을까?

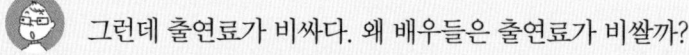
그런데 출연료가 비싸다. 왜 배우들은 출연료가 비쌀까?

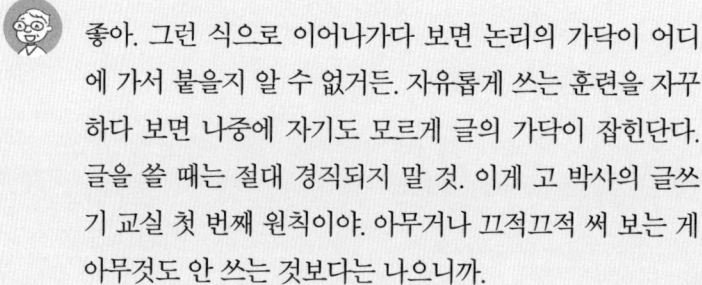
좋아. 그런 식으로 이어나가다 보면 논리의 가닥이 어디에 가서 붙을지 알 수 없거든. 자유롭게 쓰는 훈련을 자꾸 하다 보면 나중에 자기도 모르게 글의 가닥이 잡힌단다. 글을 쓸 때는 절대 경직되지 말 것. 이게 고 박사의 글쓰기 교실 첫 번째 원칙이야. 아무거나 끄적끄적 써 보는 게 아무것도 안 쓰는 것보다는 나으니까.

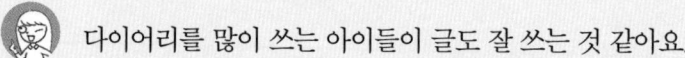
다이어리를 많이 쓰는 아이들이 글도 잘 쓰는 것 같아요.

다이어리는 자유롭게 글을 쓸 수 있는 공간이잖아! 그림도 그리고, 시도 쓰고, 남의 글을 옮겨 적기도 하고. 그래서 다이어리 정리를 잘하는 여학생들이 글도 잘 쓰지. 자유롭게 쓰는 것 그것은 글쓰기의 최고 기본이야. 누구도 나에게 어떤 글을 쓰라고 강요하지 않지만 스스로 하고 싶은 말이 있기 때문에 쓰는 거란다. 내 생각은 프리야. 다 같이 따라 해라. 프리, 프리, 프리!

 프리, 프리, 프리!

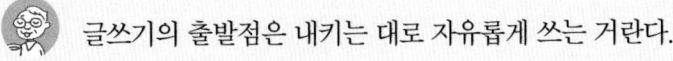 글쓰기의 출발점은 내키는 대로 자유롭게 쓰는 거란다.

Reading Text
글쓰기 예문

## 거울

거울속에는소리가없소
저렇게까지조용한세상은참없을것이오

◇

거울속에도 내게 귀가있소
내말을못알아듣는딱한귀가두개나있소

◇

거울속의나는왼손잡이오
내악수를받을줄모르는―악수를모르는왼손잡이오

◇

거울때문에나는거울속의나를만져보지를못하는구료마는
거울아니었던들내가어찌거울속의나를만나보기만이라도했겠소

◇

나는지금거울을안가졌소마는거울속에는늘거울속의내가있소
잘은모르지만외로된사업에골몰할게요

◇

거울속의나는참나와는반대요마는
또꽤닮았소
나는거울속의나를근심하고진찰할수없으니퍽섭섭하오

-이상, 한국문학을 권하다 23《오감도·권태》, 애플북스

이상의 〈거울〉(전문)은 의식의 흐름에 따라 자동기술법으로 쓰인 대표적인 시다. 이 시는 띄어쓰기를 무시함으로써 형식적 파괴를 시도하였고, 현실과 단절된 자의식의 세계를 그림으로써 현대인의 위기감과 고뇌를 절실하게 표현하고 있다.

| 글쓰기 연습장 | 년　　월　　일  |

1. 낙서를 잘하는 것도 좋은 글을 쓰는 데 도움이 된다. 아래의 빈 낙서장에 5분 동안 타이머를 맞춰 두고 생각나는 대로 쉬지 않고 글을 써 보자.

2. 다음 문장에 이어서 생각나는 대로 글을 써 보자.

변비가 심하다.

갑자기 골목에서 개가 튀어나왔다.

내 이름은 고정문이다.

핸드폰이 사라졌다.

3. 지금 내 눈에 보이는 사물들을 죽 열거하면서 그 사물들을 연결해 글을 써 보자.

자동기술법의 가장 좋은 점은 뇌를 자유롭게 해 준다는 거야. 우리의 사유는 자유로울 것 같지만 오랜 교육과 타성, 관념과 관습 때문에 굳어 있어. 이럴 때 뇌가 스스로 굴러가도록 놔주면 의외로 기발한 상상력을 발휘해 좋은 글을 쓸 수 있다고.

# 3
# 인과관계 있게 글을 쓰자

🙍 선생님, 인과관계를 갖춰서 글을 쓰는 건 너무 어려워요. 글을 내 마음대로 막 쓰고 싶은데 자꾸 원인을 밝혀야 하니까요.

👨 그건 당연한 거야. 사과가 떨어졌어. 왜 떨어졌을까?

🙍 만유인력 때문에요. 사과가 떨어지는 걸 보고 뉴턴이 발견한 거잖아요.

👨 그렇지. 하지만 또 다른 원인은 없을까?

👨 무거워서요.

🙍 아니, 바람이 불어서요.

🧑‍🦰 사과가 익어서 떨어질 때가 돼서요.

👨 그래. 그 모든 것이 원인이 될 수 있지. 그렇기 때문에 글을 쓸 때는 인과관계를 어떻게 끌고 가느냐가 중요해. 다음 문장을 볼까.

나는 오늘부터 열심히 살기로 했다. 학원에도 열심히 다니고 공부도 잘해서 좋은 대학에 가겠다. 나의 미래는 밝고 희망차다.

🧑‍🦰 오 좋은데요? 열심히 살겠다잖아요.

👨 하하하! 그런데 뭔가 공허하고 깊은 울림이 없지.

🧑‍🦰 왜 열심히 살기로 했는지 그렇게 결심한 계기를 설명하면 좋겠어요.

👨 그래, 맞아. 인과관계가 있다면 더 설득력 있는 글이 되겠지. 내가 왜 오늘부터 열심히 살게 되었는지 구체적으로 밝힌다면 말이야. 앞에 이런 문장을 넣어 보면 어떨까?

초등학교 때 나보다 공부 못 하던 녀석이 어느 날 만났더니 자신은 외고에 다닌다며 자랑했다. 그 녀석은 나보다 공부를 못 했었는데 나를 비웃으며 깔보더니 전화번호도 주지 않고 가 버렸다. 이런 수

모를 겪는 것은 내가 공부를 못하기 때문인 것 같다. 그 녀석은 나를 상대할 가치가 없다고 생각했던 것이다. 내가 이렇게 된 것은 공부를 해야 할 중요한 시기를 놓쳤기 때문이다. 그 누구도 아닌 내가 스스로 나 자신을 이렇게 굴욕적으로 만들었다. 내 발등을 찍고 싶은 심정이다.

이 글을 보니까 왜 공부를 열심히 하기로 했는지 알 것 같아요. 이런 스토리가 있으니까 앞에서 얘기했던 결심이 더 절실하게 와 닿아요.

그렇지? 결과에는 항상 원인이 있단다. 원인을 알아야 결과에 대해서도 공감할 수 있지. 결과를 이해하기 위해서는 원인을 찾아야 돼. 이것을 인과관계라고 한단다. 글도 마찬가지야. 이 세상에서 일어나는 모든 일에 원인 없는 결과란 없어. 그래서 문장 하나를 쓰더라도 원인과 결과를 맞춰 써야 한단다.

지나가던 꼬마가 울었다. 나는 지나쳤다.

이 문장은 어떠니?

 왜 울었는지가 안 나왔어요.

이러면 어떤 느낌이 들지?

엄마 잃은 아이가 길에서 울고 있었다. 나는 지나쳤다.

 인정머리 없는 인간 같아요.

 그렇지?

지나가던 꼬마가 울고 있었다. 옆에 엄마가 있어서 나는 그냥 지나쳤다.

이러니까 어때? 필자의 행동에 대해 이해가 되지 않아? 이렇게 인물의 행동에 대해 타당한 설명을 해야지만 그 인물에게 독자가 감정이입을 하고 인물의 행동을 이해할 수 있게 되는 거야. 개연성이 있어야 현실감을 느낄 수 있고 더 재미있지. 그렇게 스토리가 만들어지는 거란다. 좋은 글이란 이처럼 원인과 결과가 끊임없이 물리고 물려 반복됨으로써 이루어지는 거란다. 글쓰기 정말 쉽지?

 그런데 원인을 모를 때는요?

 원인을 모르면 궁금증을 유발시켜 그 원인을 찾아가는 과정을 써 보는 것도 좋지. 탐정 소설이야말로 원인을 찾아

가는 과정이라고 할 수 있어. 사건을 풀어 가다 보면 논리적인 글이 되기도 한단다. 이 세상에 원인 없는 결과는 없다는 것을 잊지 마. 한 문장 한 문장 원인과 결과를 생각하고 써야 더 탄탄하고 완성도 있는 글쓰기가 된단다.

## 우유 팔러 장에 가는 아가씨

옛날 옛적에 어느 마을에 순진한 아가씨가 한 명 살았답니다. 하루는 그 아가씨가 집에서 키우는 젖소에서 짠 우유를 머리에 이고 시장에 팔러 집을 나섰습니다. 하지만 무거운 우유 통을 머리에 이고 시장으로 가는 아가씨의 발걸음은 가볍기만 했습니다. 아가씨의 머릿속은 온통 우유를 팔아서 무엇을 살까 하는 생각뿐이었습니다. 장에 가는 아가씨의 마음은 설렙니다. 상상이 꼬리에 꼬리를 뭅니다.

"이 우유를 팔아서 무얼 사지? 그래, 병아리를 사는 거야. 병아리가 암탉이 될 때까지 키워야지."

동구 밖에서도 아가씨의 생각은 이어집니다.

"그 암탉들이 더 많은 달걀을 낳으면 그 닭과 달걀을 팔아서 돼지를 사야지."

오솔길을 지나면서 아가씨의 상상은 자꾸 더 커집니다.

"돼지를 키워서 그 돼지가 아주아주 커지면 팔아서 송아지를 살 거야."

숲을 지나면서 아가씨의 공상은 바다처럼 커집니다.

"송아지가 완전히 크면 팔아서 예쁜 드레스를 사야지."

저만치 시장이 보이자 아가씨의 망상은 하늘을 찌릅니다.

"드레스를 입고 무도회에 가면 아마 온 동네 남자들이 나에게 춤을 추자고 손을 내밀겠지? 그러면 나는 싫다고 고개를 저어야지. 싫어요, 싫어요."

아가씨는 세차게 도리질을 했습니다. 그 바람에 머리에 이고 가던 우유가 몽땅 땅에 쏟아지고 말았답니다.

안데르센이 쓴 우화를 고쳐 쓴 글이다. 우유가 암탉이 되고 돼지가 되며 소가 되었다가 드레스가 되기까지 연상에 따른 인과관계를 보여 주는 글이다. 결국 모든 일이 수포가 된 원인은 현실감 없고 망상에 사로잡힌 아가씨 자신 때문이라는 것을 알려주는 글이다.

| 글쓰기 연습장 | 년 월 일 |

1. 다음 상황들이 일어나게 된 원인을 상상해서 글로 써 보자.

**상황**

우리 학교 일진인 태규는 이상하게 비실대는 은석이만 보면 슬슬 피하고 다른 아이들에게도 건드리지 말라고 한다.

**원인**

**상황**

담임선생님이 갑자기 화난 얼굴로 민지 이름을 불렀다.

**원인**

**상황**

집에 가 보니 엄마도 없고 아빠도 없고 핸드폰도 받지 않았다.

**원인**

2. 다음 상황들의 결과가 어떻게 될지 이어서 글을 써 보자.

| 상황 | 원인 |
|---|---|
| 길을 가고 있는데 갑자기 경찰관이 나를 불렀다. "어이, 학생!" | |

| 상황 | 원인 |
|---|---|
| 아이들이 모두 창가로 달려가 운동장을 내다보았다. | |

| 상황 | 원인 |
|---|---|
| 집에 가려고 도서관을 나오니 분명히 잘 잠가 두었던 내 자전거가 없어졌다. | |

 인과관계 없이도 일이 발생하는 경우가 있어. 그런 걸 흔히 우연이라고 하지. 실제로 우리는 그런 일을 종종 겪곤 하는데, 그게 정말 우연일까? 우리가 모르는 초현실에서 보면 그것 역시 필연인데 우리가 인과관계를 알 수 없으니까 우연이라고 하는 거라고.

# 4
# 개연성이 있어야 한다

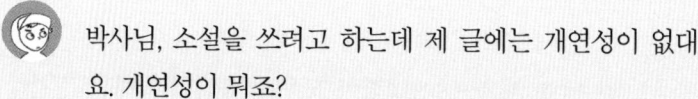 박사님, 소설을 쓰려고 하는데 제 글에는 개연성이 없대요. 개연성이 뭐죠?

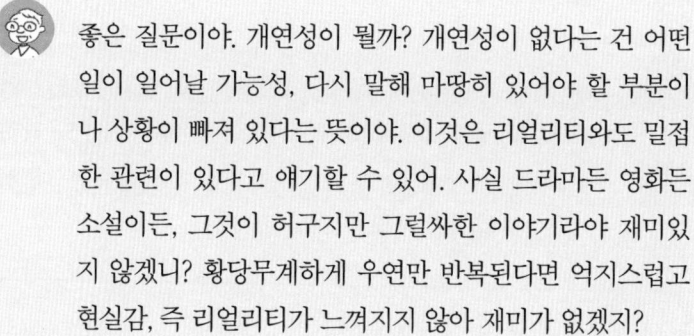 좋은 질문이야. 개연성이 뭘까? 개연성이 없다는 건 어떤 일이 일어날 가능성, 다시 말해 마땅히 있어야 할 부분이나 상황이 빠져 있다는 뜻이야. 이것은 리얼리티와도 밀접한 관련이 있다고 얘기할 수 있어. 사실 드라마든 영화든 소설이든, 그것이 허구지만 그럴싸한 이야기라야 재미있지 않겠니? 황당무계하게 우연만 반복된다면 억지스럽고 현실감, 즉 리얼리티가 느껴지지 않아 재미가 없겠지?

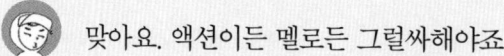 맞아요. 액션이든 멜로든 그럴싸해야죠.

그럼 그럴싸하다는 게 뭘까? 그건 읽는 사람이 "와, 그럴듯한데" 하며 고개를 끄덕이게 해야 하는 거야. 예를 들

면 아래의 문장을 보자.

새 학년이 되었다. 우리 반에 들어갔더니 남녀 학생 수가 딱 절반씩 이었다. 12명이 남학생 12명이 여학생이었는데 여자애들이 다 얼짱이었다. 우리 반 여자애들이 모두 얼짱이어서 나는 너무 기뻤다.

이건 어떠니?

에이, 어떻게 여자애들 12명이 다 얼짱일 수 있어요. 말도 안 돼요. 남자애들 12명이 모두 근육맨인 거하고 똑같잖아요.

그렇지. 일반 고등학교라면 예쁜 아이도 있고 못생긴 아이도 있고, 공부 잘하는 애들도 있고 못 하는 애들도 있겠지. 모든 여학생이 예쁘다는 건 개연성이 없잖아. 이때 개연성 있게 하려면 어떻게 해야 할까?

선생님, 모델 학교라고 하면 어때요?

맞아. 내가 들어간 학교는 모델 학교였던 거야. 그래서 같은 반 아이들이 모두 다 예쁘고 키도 크고 한 몸매 하는 아이들이었던 거야. 이러면 개연성이 있겠지? 모델 학교인데 키가 땅딸막하고 못생기고 평범한 아이들만 잔뜩 있다면 오히려 개연성이 떨어지는 거지.

우연성은 뭐예요?

좋은 질문이야. 우리 삶에는 우연이 정말 많아. 예를 들면 설악산 정상에서 중학교 동창을 만난다든가 하는 일이 종종 생기곤 하지. 이건 우리의 인식으로는 이해가 안 돼. 하지만 분명 있을 수 있는 일이지. 하지만 리얼리즘 소설에서는 금기시하고 있단다. 우연이 반복되면 개연성이 떨어지기 때문이야. 주인공이 로또를 연속 두 번이나 맞았다. 이런 우연이 불가능하지는 않겠지만 실제로 있을 법한 일은 아니잖아.

하지만 드라마나 영화를 보면 우연이 되게 많아요.

짧은 시간 내에 시청자나 관객을 몰입시켜야 하니 우연이 연속적으로 일어나게끔 설정하는 거지.

알고 보니 그녀의 애인은 재벌의 숨겨진 자식이었다. 그녀는 가난에서 벗어나고자 길가에 있는 가게에서 슈퍼 로또를 샀는데 이게 당첨되어 수십억 자산가가 되었다. 이 돈을 고위험도의 제삼세계 펀드에 넣었는데 그 나라에 석유가 나면서 수백 배로 재산이 늘어났다. 그래서 재벌 아들과 당당하게 결혼하고, 신혼여행을 가는 도

중 비행기가 추락하여 두 사람은 영원히 함께하게 되었다.

이런 일이 없으리라는 보장은 없지만 실제로 우리 삶에서 이런 우연이 그리 많이 일어나진 않지. 우연을 필연인 것처럼 작품에 녹여 내면 더 좋은 작품이 된단다. 우연도 필연으로 바꾸면 이야기가 개연성을 얻게 돼. 예를 들어 설악산 꼭대기에서 중학교 동창을 만나는 장면도 이렇게 쓰면 필연성을 갖게 되지.

대청봉을 오르다 옆에서 쉬고 있는 등산객을 보았다. 20년 만에 만난 중학교 동창 민준이었다. 소문에 의하면 녀석이 주말마다 전국의 명산을 오르며 사진을 찍는다더니 이렇게 나와도 만나게 된 거였다. 녀석의 목에는 커다란 망원 렌즈가 달린 카메라가 걸려 있었다.

산에 자주 다니니까 만날 확률이 높아진 거네요.

우연을 필연으로 만들려니까 주인공을 산에 오르게 하고, 친구인 민준이도 주말마다 산에 다니는 걸로 설정을 한 거지. 이렇게 하면 언젠가 한 번쯤 만나게 되더라도 이상하거나 아주 억지스럽지 않으니까.

Reading Text
글쓰기 예문

## 까칠한 재석이가 달라졌다

그때 4층짜리 연립 주택 옆의 놀이터 안쪽에서 보경여고 아이들 서넛이 누군가를 빙 둘러싸고 서 있는 것이 보였다. 보경여고 교복은 다른 학교 것과는 다르게 치마가 자주색이어서 눈에 띄었다. 얼핏 보면 붉은 색으로도 보여서 보경여고 여학생들은 '빨간 치마'로 불리기도 했다. 그 우아한 자주색 치마를 최대한 짧게 줄여 입은 여학생들은 누군가에게 거친 욕설을 퍼붓고 있었다.

"아, 이년. 열라 짜증나."

"너 정말 얼굴 긁어 버린다? 확!"

"어디서 이쁜 척하고 있어."

(중략)

마구 욕을 퍼붓더니 손찌검이 시작되었다. 손바닥과 주먹으로 때리는데 서서히 주먹질이 발길질로 바뀌었다.

"아악! 악!"

누군지 모를 여자 아이가 비명을 질렀다. 재석은 좌우를 둘러보았다. 공교롭게도 주변에는 사람이 없었다. 이대로 놔두면 저 여자아이는 무슨 이유에선지 모르겠지만 심하게 두들겨 맞을 게 뻔했다. 얼마 전 sns로 본 왕따의 동영상은 충격이었다. 중국의 청소년들이 한적한 공사장에서 덩치도 작은 아이 하나를 번갈아가며 때려 정신을 잃게 했는데 커다란 돌멩이를 던져 죽게 만드는 충격적인 동영상이었다. 그때 누구 한사람만 지나갔어도 그런 끔찍한 장면을 말렸을 거라는 생각을 하며 재석은 치를 떨었다. 아무리 바쁘지만 정의의 사도인 재석이 이 장면을 두고 그냥 지나칠 수는 없었다.

"야야! 너희들 뭐하냐?"

(중략)

"너희들 보아하니 빨간 치마들인데 집에 가라. 여럿이서 애 하나 다구리 놓지 말고."

끝까지 금안여고 학생 머리끄덩이 잡고 흔들던 여자아이가 재석을 보며 말했다.

"야! 너 빠져! 여자들 일에 끼지 말아라, 잉."

재석은 할 수없이 한걸음 더 다가서며 말했다.

"너희들 내 이름 안 들어봤니?"

"너 누군데?"

"내가 누군지 모르나본데 나? 황재석이야. 까칠한 재석이."

"······."

그 순간 아이들의 얼굴빛이 변했다. 재석이의 이름은 이곳 산북교육청 산하의 중고등학교에서 모르는 아이가 없었기 때문이다.

"그 그럼 그 스톤에서 나왔다는?"

"연예기획사 때려 엎었다잖아."

"나이트에서 조폭들하고도 맞짱 뜨는……."

여자애들이 서로 얼굴을 마주보는 품이 이미 재석의 선성을 들은 눈치였다.

"그래. 좋은 말로 할 때 보내줘."

고개를 돌려보니 치마가 찢어지고 셔츠까지 반은 벗겨져 브래지어 끈이 보이던 금안여고 학생이 그 틈을 타서 미친 듯이 놀이터 밖으로 도망쳤다.

-고정욱,《까칠한 재석이가 달라졌다》, 애플북스

《까칠한 재석이가 달라졌다》(부분 인용)에서 새로운 인물 채린이와 보담이, 재석이와의 삼각관계를 그리기 위해서는 채린이와 재석이의 첫 만남을 위한 장치, 채린이가 재석이를 좋아하게 된 이유와 사건이 필요했다. 그래서 첫 장면에서 친구들에게 폭행을 당할 위기에 처한 채린이를 재석이가 도와주는 이야기로 시작했다. 덕분에 얼짱 출신인 채린이가 재석이를 짝사랑하고 쫓아다니는 것에 대한 개연성이 확보되었다.

글쓰기 연습장       년    월    일

1. 특목고에 다니는 성적이 우수한 아이가 주먹을 잘 쓰는 주인공으로 등장할 때 개연성을 가지려면 캐릭터를 어떻게 설정해야 할까?

아버지가
권투 사범이다

2. 다음과 같은 상황일 때 이후에 어떤 일이 발생할지 개연성 있게 연결해 보자.

소매치기가 만원 버스에 올라탔다. 몇 정거장 후에 "소매치기야!" 하는 한 아주머니의 놀라는 목소리가 들렸고, 정신을 차려 보니 가방 속 지갑이 사라졌다.

비탈길에서 밀려오고 삐져나기는 파도를 피하며 연인이 놀고 있다.

자동차 시동을 걸자 갑자기 급가속이 일어났다.

반에서 꼴찌인 문식이가 도서관에 책을 읽으러 갔다.

158

3. 짧은 소설을 쓰는 작가가 되어 보자. 먼저 낮과 밤에 모습이 달라지는 신비감 있는 매력적인 소설 주인공을 개연성 있게 만들어 보자.

이름 :

외모 :

나이 :

성격 :

가정환경 :

취미 :

특기 :

콤플렉스 :

장점 :

꿈 :

4. 소설 작가가 되었다고 가정하고, 조연인 라이벌 친구가 주인공을 미워하는 이유를 개연성 있게 만들어 보자.

 

5. 두 라이벌이 맞닥뜨려 치열하게 대립하는 상황을 개연성 있게 설정해 보자.

   장소 :

   시간 :

   주인공이 원하는 것 :

   라이벌이 원하는 것 :

   주인공의 해결 방식 :

   라이벌의 해결 방식 :

6. 앞에서 설정한 상황을 바탕으로 해 짧은 소설을 써 보는 것도 재미있을 것이다.

 우연과 필연을 이해하고 개연성 있게 글을 쓰려면 남들이 쓴 걸 비판적으로 읽는 훈련이 필요해. 그리고 세상 돌아가는 이치를 잘 관찰해야 하지. 그런 매의 눈이 있어야 글을 써도 독자들이 고개를 끄덕이게 만들 수 있다고.

# 5
# 오류가 없어야 한다

오류요? 논문도 아니고, 우리가 쓰는 글에 뭐 그런 것까지 생각해요?

오류가 없다는 건 개연성과도 연관되지만 좀 더 쉽게 설명하자면 이치에 맞아야 한다는 거지. 예를 들면 자연의 법칙을 묘사할 때 확실히 알 수 있단다.

동풍이 불었다. 깃발들이 모두 다 일제히 동쪽을 향했다.

예? 당연한 거 아니에요? 동풍이 불면 동쪽으로 깃발이……..

야야! 동풍이 불면 깃발은 서쪽을 향해야지.

아 그런가?

이렇게 자연의 법칙을 잘 관찰해 과학적으로 틀리지 않게 묘사해야 해. 그런데 글을 쓸 때 깜빡하면 놓치고 만단다. 다음 문장은 어떨까?

영하 20도의 차가운 공기가 대기를 감돌고 있었다. 나는 친구 집 앞에 고여 있는 물웅덩이에 질퍽질퍽 빠지며 대문을 두들겼다.

 영하 20도면 물이 얼어야죠.

 빙고! 그렇지? 영하 20도에 물이 얼지 않고 질퍽질퍽하다는 건 말이 안 되는 거지. 이렇게 오류가 발생하면 안 돼.

아버지가 나타났다. 듬직한 아버지는 나를 번쩍 들어 어깨 위로 얹고 성큼성큼 걸어가셨다.

어때? 아빠로서 남자로서 힘이 세고 나를 구해 줄 만한 힘이 있으니 오류가 없어 보이지?

 맞아요.

 이건 어때?

힘이 세고 건강한 우리 아빠는 흐느적거리는 몸으로 나를 업으려다 쓰러졌다.

이 문장이 오류 없이 좋은 문장이 되려면 어떤 당위성을 가져야 할까?

 아빠가 술에 취했어요.

 좋아. 그렇게 앞이나 뒤에 상황을 설명해 주면 오류가 없겠지. 글을 쓸 때는 이처럼 오류가 없어야 한단다. 그래서 취재가 필요하고 사실 확인이 중요한 거란다. 정보를 올바로 수집해야 오류가 없게 되고 좋은 글이 되지. 아무 생각 없이 무턱대고 글을 쓰다 보면 앞뒤가 안 맞고 잘못된 묘사를 하게 되는 거야.

## 배따라기

　서편으로 바다를 향한 마을이라 다른 곳보다는 늦게 어둡지만, 그래도 술시(戌時)쯤 되어서는 깜깜하니 어두웠다. 그는 불을 켜려고 바람벽에서 떠나서 성냥을 찾으러 돌아갔다.
　성냥은 늘 있던 자리에 있지 않았다. 그래서 여기저기 뒤적이노라니까, 어떤 낡은 옷 뭉치를 들칠 때에 문득 쥐 소리가 나면서 무엇이 후덕덕 뛰어나온다. 그리하여 저편으로 기어서 도망한다.
　"역시 쥐댔구나."
　그는 조그만 소리로 부르짖었다. 그리고 그만 그 자리에 맥없이 털썩 주저앉았다.
　아까 그가 보지 못한 때의 광경이 활동사진과 같이 그의 머리에 지나갔다.
　아우가 집에를 온다. 아우에게 친절한 아내는 떡을 먹으라고 아우에게 떡 상을 내놓는다. 그때에 어디선가 쥐가 한 마리 뛰어나온다. 둘(아우와 아내)이서는 쥐를 잡노라고 돌아간다. 한참 성화시키던 쥐는 어느 구석에 숨어버린다. 그들은 쥐를 찾느라고 뒤룩거린다. 그럴 때에 그가 집에 들어선 것이다.
　"샹년, 좀 있으믄 안 들어오리······."
　그는 억지로 마음먹고 그 자리에 드러누웠다.

그러나 아내는 밤이 가고 날이 밝기는커녕 해가 중천에 올라도 돌아오지를 않았다. 그는 차차 걱정이 나서 찾아보러 나섰다.

아우의 집에도 없었다. 동네를 모두 찾아보아도 본 사람도 없다 한다.

그리하여, 낮쯤 한 삼사 리 내려가서 바닷가에서 겨우 아내를 찾기는 찾았지만 그 아내는 이전 같은 생기로 찬 산 아내가 아니요, 몸은 물에 불어서 곱이나 크게 되고, 이전에 늘 웃음을 흘리던 예쁜 입에는 거품을 잔뜩 문, 죽은 아내였다.

-김동인, 한국문학을 권하다 03《감자》, 애플북스

김동인의 〈배따라기〉(부분 인용)는 대표적인 사실주의 문학이다. 자연이나 삶을 객관적 태도로 있는 그대로 묘사하였으며, 사건의 정황이나 배경 묘사, 상황 설명 등도 사실적으로 그려내고 있어 오류 없는 글쓰기로 독자가 공감할 수 있게 하였다.

글쓰기 연습장   년   월   일

1. 아래의 문장은 오류가 있다. 어떻게 고치면 좋을까?

학생이라면 누구나 야자를 싫어한다.

→ 모든 학생이 야간 자율학습을 싫어하지는 않는다.

공부를 못 하는 녀석들은 노력을 안 한 것이다.

→

등산하다 담배꽁초를 버리는 바람에 산불이 나서 두 사람이 죽었다. 담배꽁초 버린 사람은 살인자다.

→

내가 칠판 앞에 섰으니까 나의 말을 들어라. 선생님도 칠판 앞에 서 계시니까 말이다.

→

수업 시간에 조는 놈들은 대학 못 갈 줄 알아.

→

〈까칠한 재석이 시리즈〉는 베스트셀러래. 아마 내용이 완벽한가 봐.

→

내가 까부는 놈 한 대 친 게 뭐 문제가 된다고? 너는 사람 안 때려 봤어? 네가 뭔데 날 비난해?

→

 고양이에 대한 사람들 생각에도 오류가 많아. 우리가 높은 곳에서 떨어져도 안 다친다는 생각은 오류야. 우리도 부러지고 까지도 다친다고. 오해 없길 바라.

# 제목을 미리 정해 놓고
# 글을 써 보자

선생님, 제목은 제일 나중에 써야 하는 거 아닌가요? 화룡점정(畵龍點睛)이라는 말처럼요.

틀린 말은 아니야. 많은 사람이 글을 다 쓴 다음에 제목을 정하곤 하지. 하지만 제목을 먼저 정해도 돼.

그런데 미리 정했던 제목이 만일 바뀌면요?

미리 정했던 제목을 최종에 수정하기도 하지. 하지만 글을 쓰기 전에 제목을 일단 정하고 그 글의 주제가 드러나게 잡는 것도 좋아. 그래서 처음 정한 제목을 가제(假題)라고 해. 임시 제목이라는 뜻이야. 물론 글을 쓸 때 마땅한 제목이 안 떠오르면 일단 글부터 쓰고 나중에 제목을 정할 수도 있어. 글의 내용에 맞춰 가장 적당한 제목을 정해도 늦지 않으니까. 하지만 중요한 사실은 제목은 글을 대표하는 얼굴이라는 것이야. 제목이 좋으면 글도 살고, 독자들에게 흥미도 불러일으킬 수 있어. 그래서 제목이 중요한 거야. 좋은 제목이라고 기억하고 있는 책 한 권씩 이야기해 볼까.

《꼬리에 꼬리를 무는 영어》요.

《아프니까 청춘이다》.

《총, 균, 쇠》요.

그런 식으로 한 번만 들어도 잊혀지지 않고 사람들이 매력을 느낄 수 있게 제목을 정해야 한단다. 그리고 매력적인 제목을 먼저 정하고 글을 쓰면 글도 매력적으로 나올 확률이 높단다. 그래서 작가들이 제목에 엄청나게 신경을 쓰는 거야. 재석이 너는 싸움을 많이 했으니까 싸움에 대한 내용으로 제목을 정해 볼까.

맞은 너는 얼굴이 아프고 때린 나는 마음이 아프다.

오케이 좋아. 민성이 너는?

프레임 안의 세상, 세상 안의 프레임은 어떨까요?

멋진 제목이야. 카메라로 세상을 들여다보면서 영상을 찍는 내용이 될 것 같아. 보담이 너는?

공부만이 전부는 아니다.

음, 그것도 좋지만 좀 더 고민해서 매력적으로 제목을 뽑아 보는 건 어떨까.

네, 다시 생각해 볼게요.

제목은 오래 생각하고 고민해야 한단다. 글에 좋은 제목을 달게 되면 사람들에게 훨씬 설득력 있게 다가갈 수 있지. 그래서 요즘은 패러디한 제목도 많아. 주로 방송 같은 곳에서 자주 패러디하는데 〈친절한 금자씨〉라는 영화를 패러디한 〈막돼먹은 영애씨〉 같은 시즌 드라마도 히트한 영화 제목을 살짝 비틀어서 주목도를 높인 예라 할 수 있지. 유명한 제목을 패러디해서 재미있는 제목을 만드는 것도 좋은 아이디어라고 할 수 있거든.

너 부자다요. 영화 〈내부자들〉을 패러디한 거예요.

샤일록의 검은 줄. 이건 《샬롯의 거미줄》을 패러디한 거예요.

지옥의 묵찌빠요. 영화 〈지옥의 묵시록〉을…… 큭큭!

 다들 재치가 넘치는구나.

### 다양한 형태의 제목

 1. 단어로만 된 제목 – 《원균》,《안내견 탄실이》
 2. 문장형 제목 – 《까칠한 재석이가 사라졌다》,《꽃보다 아름다운 당신을 봅니다》
 3. 대구형 제목 – 《굿바이 게임 헬로우 드림》
 4. 관형구 제목 – 《가방 들어주는 아이》,《아주 특별한 우리 형》,《세상을 바꾼 책벌레들》

이 제목들은 모두 다 고심해서 만든 제목들이다. 책 내용에 가장 적합하다고 여겨지는 제목을 붙이려 애썼다. 제목은 독자에게 책을 선택하게 하는 첫 관문이기에 심혈을 기울이지 않을 수 없다.

| 글쓰기 연습장 | 년　　월　　일 |

1. 온라인 서점에 접속해서 분야별 베스트셀러 제목 몇 가지를 찾아 적어 보자.

   문학:

   인문:

   역사:

   예술:

   경제 경영:

   어린이:

   청소년:

   만화:

2. 최근 재미있게 본 영화 제목을 10개 이상 적어 보고 어떤 면에서 좋았는지 생각해 보자.




   좋은 제목이라고 생각하는 이유는?

3. 내가 읽은 소설 가운데 재미있었던 소설 제목을 적고, 만약 내가 제목을 정한다면 어떻게 할지 생각해 보자.

운수 좋은 날 → 눈물의 설렁탕 한 그릇

→

→

→

→

→

→

→

4. 격언이나 고사성어를 패러디한 제목을 찾아서 적어 보자.

〈색즉시공〉,

5. 아래의 시 제목을 짓고 시를 옮겨 써 보자. 그리고 아래의 QR코드를 찍어서 내가 지은 제목과 원래 시의 제목을 비교해 보자.

그의 눈초리는 스쳐 지나는 창살로
그토록 지쳐, 아무것도 더는 잡지 못한다.
그에게는 마치 수많은 창살만이 있고,
창살 뒤에는 아무런 세상도 없는 듯 여겨진다.

유연히도 힘찬 발걸음의 가벼운 걸음,
좀 더 좁게 맴도는 그의 걸음은
마비된 어느 위대한 의지를 담은
중심을 맴도는 힘의 무도와 같다.

다만 때때로 동공의 막이
소리 없이 열린다. 그러면 상(像) 하나가 들어가,
몸의 긴장된 적막을 통과한다.
그러고는 심장 속으로 사라진다.

— 라이너 마리아 릴케

제목
-----

시 제목이 궁금하면
인터넷을 검색하거나
QR코드로 확인하세요.

6. 다음 형태의 제목을 주변에서 찾아 적어 보자. 영화나 음악 혹은 책 제목 무엇이든 좋다.

한 단어 제목 : 《토지》, 《개미》,

연속 단어 제목 : 《하늘과 바람과 별과 시》,

인물 이름 제목 : 《원균》, 《전태일》,

문장형 제목 : 《무소의 뿔처럼 혼자서 가라》,

질문형 제목 : 《그대 왜 일어서지 않는가?》,

이름을 불러 줄 때 꽃도 의미를 갖는다며? 제목도 잘 달아야 글이 사는 거야. 베스트셀러가 된 책 가운데 처음 냈다가 실패한 후 제목을 바꿔 다시 재출간해 성공한 책도 많다고. 좋은 제목에 목숨 거는 이유가 그래서야.

## 7
# 시점을 바꿔서 써 보자

- 선생님 글을 쓸 때 대개 시점은 1인칭이나 3인칭 아닌가요?

- 그렇지. 1인칭에는 주인공 시점과 관찰자 시점이 있단다. 3인칭에는 관찰자 시점과 전지적 작가 시점이 있고. 같은 글이라도 시점을 바꾸면 또 재미있는 글이 되지.

- 시점을 어떻게 바꿀 수 있나요?

- 대개 학생들에게 수필을 쓰라고 하면 나는 어느 날 산책하러 나갔다. 꽃을 발견했다. 이렇게 1인칭 관찰자 시점으로 시작하지. 그런데 나를 그라고 바꿔 보면 어떨까? 재석이 너라면?《소설가 구보씨의 일일》같은 작품이 대표적이지. 작중 구보 씨의 시선을 좇아 세상사와 사람의 내면을 들여다보면 새롭게 느껴지잖니. 마치 카메라로 세

상을 보는 것 같아서 내가 세상을 보지만 구보 씨를 통해 보는 것 같지.

네 맞아요, 재밌었어요.

그와는 반대로 3인칭 관찰자 시점에서 쓸 수도 있어. 개인적인 견해를 전혀 드러내지 않고 사건을 다루는 거지.

민성이는 영화를 찍었고 보담이는 옆에서 스크립트를 써 주었다. 그러나 그 영화는 시상식에서 상을 받지 못했다. 보담이는 슬펐고 민성이는 다음 기회를 노렸다.

이렇게 제삼자가 돼서 감정을 이입하지 않은 채 외부에서 관찰하듯이 서술하는 거야. 하지만 전지적 작가 시점이라면 달라지지. 작가가 각 인물의 심리 상태나 행동의 동기, 감정 등을 다 알고 있어든.

민성이는 영화를 찍었고 보담이는 스크립트를 썼는데 영상은 좋았지만 스크립트가 부실했다. 당연히 심사위원들 눈에 들지 않았고 영화는 상을 받지 못했다. 민성이는 자신이 상을 받지 못한 건 보담이의 부실한 스크립트 때문이라고 생각했다. 그러나 보담이는 시간이 없어서 제대로 된 스크립트를 쓸 수 없었기 때문에 할 말이 있었다.

- 아, 이거는 주인공의 심리라든가 상황 같은 걸 서술자가 모두 다 아네요.

- 그렇지? 민성의 마음도 알고, 심사위원들이 어땠는지도 알고, 보담이 어떻게 했는지도 다 아는 거야. 시점을 바꿨을 뿐이지만 이야기 내용이 확 바뀌었지. 제일 어려운 게 사실은 3인칭 전지적 작가 시점이야. 그건 사건의 원인과 결과와 전개 과정, 그리고 의미와 비유와 상징을 다 알아야 하기 때문이야. 글을 쓰면서 각 인물의 심리 상태나 인과관계, 당위성 따위를 다 염두에 두어야 하지.

- 정말 어렵겠어요.

- 1인칭 주인공 시점이 너희들에게는 가장 쉽게 느껴지겠지. 자신이 보고 듣고 느낀 대로만 쓰면 되니까. 근데 1인칭 관찰자 시점도 쓰기가 쉽지 않아. 주위 사건과 인물과 배경 모두 자세히 관찰해야 하니까. 그리고 관찰한 것을 통해 내 이야기를 해야 하니까 말이야. 윤흥길의 〈장마〉라는 소설을 보면 어린아이의 시선으로 6·25 전쟁을 묘사하고 있어. 묘사는 1인칭 전지적 작가 시점이지만 대화를 할 때는 어린아이 어투로 해야 되지. 그래서 그런지 작품 전체에서 어린아이가 말을 하는 부분은 한 번도 안 나온단다.

박사님은 주로 어떤 시점으로 글을 쓰시나요?

 나는 기존에 있던 시점이 아니라 2인칭 시점으로 글을 써 본 적이 있단다. 2인칭 전지적 작가 시점. 나의 등단작인 단편소설 〈선험〉 같은 경우가 그런 도전적인 작품이었지. 나를 바라보는 상대방의 눈으로 소설이 시작된단다. 시점을 바꾼다는 것은 위치를 바꾸는 것이야. 카메라로 치면 앵글을 바꾸는 거란다. 이 세상은 다양한 각도로 봐야 하기 때문에 글도 시점을 바꾸려면 다른 각도로 봐야 하지. 예를 들면 이런 거야. '나는 컴퓨터 앞에 앉아 소설을 쓰기 시작했다'라는 문장이 있으면 나는 이걸 '당신은 컴퓨터 앞에 앉아 소설을 쓰기 시작했다'로 바꾸면서 당신을 주인공으로 했던 거지.

 그렇게 고정된 시점 몇 개밖에 없나요?

 좋은 질문이야. 사실 글은 창의적인 것이야. 문예 창작에서 이런저런 시점을 가르치지만 2인칭 시점은 내가 스스로 개발해 낸 거지. 시점이 계속해서 바뀌는 작품이 나올 수도 있고, 시점이 바뀌는 바람에 주연이 다음 장에서 조연이 되어 있기도 하고, 그러면서 돌고 도는 작품을 쓸 수도 있어.

옛날 소설을 읽어보니까 이야기 중간에 갑자기 작가가 끼어들어서 독자를 가르치는 형식도 있던데 그런 건 무슨 시점이에요?

하하, 네가 계몽 소설을 읽었구나. 우리나라 계몽 소설은 작가 이광수에 의해 개척되었는데, 식민지 상황에서 봉건적 전근대성에 대한 반발로 계몽 의식을 소설에 담고자 했단다. 독자들을 가르치려고 하다 보니 작가가 소설에 자꾸 개입했던 거지.

그래서 사건과 인물에 대한 작가의 직접적인 간섭 행위를 막아야겠다고 생각했던 거야. 있는 그대로 보여주기만 하고 느끼는 건 독자의 몫으로 놔두어야 한다고 해서 만들어진 것이 바로 시점이란다. 이런 시점을 통해 독자는 혼란 없이 스토리에 몰입할 수 있는 거란다.

Reading Text
글쓰기 예문

### 선험

　당신이 행하고자 하는 이 작업의 준비 상황을 설명하는 건 그리 어려운 일이 아니다. 이 작업은 그만치 유사한 일 중에서도 간단한 편에 속한다고 할 수 있기 때문이다. 작업 주체의 독창성에 따라 아주 다양하고 남다른 방법을 창안할 수 있다는 점이 이 작업의 매력이다. 물론 작업의 목적을 성취하는 데 있어 어느 방법이 가장 확실한가를 논할 수는 없다. 이는 강변에 널린 자갈 중에서 어느 것이 가장 예쁜가를 고르는 것과 같은 의미로서, 모든 작업이 나름대로 독창성과 함께 장단점을 공유하는 까닭이다.
　설명은 잡다한 결정 과정을 과감히 생략하고 바로 당신이 모든 준비를 완료한 상태에서 시작하는 게 좋을 듯하다. 그것이 바로 이 글이 필연적으로 갖추어야 할 압축미라는 덕목에도 부합하는 바람직한 것일 테니까.
　당신이 하고픈 얘기, 못다 한 말들을 글로 쓰거나 녹음을 해 둔다면 이 작업에 있어서의 기본적인 준비는 마무리된다. 물론 당신에게 운 좋게도 비디오카메라가 있다면 그걸 사용해도 무방하다. 여타의 방법보다 더 생생한 기록을 남길 수 있는 문명의 이기를 사용하지 않음은 곧 반문명과도 통하는 태만함일 수 있으니까. 다만 한 가지 유의해야 할 점은 녹화된 테이프를 만일에 대비

해 당신이 바야흐로 이 작업을 행하려는 장소에서 멀리 떨어뜨려 놓아야 한다는 사실이다. 여기에서의 멀리 떨어뜨려 놓는다는 의미는 뭐 거창하게 대상을 객관적으로 혹은 전체적으로 파악하겠다는 식의 형이상학적 의미가 아닌, 그야말로 물리적인 거리를 멀게 한다는 것이니까 오해 없기 바란다. 그리고 이왕 말이 나온 김에 언급하는 거지만 도대체가 멀리 떨어뜨린다고 해서 대상을 객관적이고 전체적으로 인식하고 파악하는 것이 가능할지도 의문이다. 멀리 떨어뜨려서 객관적이고 전체적으로 사물을 파악한다는 얘기는 그저 원근법적인 단순한 사고방식에서 나온 것일 뿐이라고 믿지 않을 수 없다. 여기서 멀리 떨어뜨리라는 이유는 그렇게 거창한 것이 아니고 이 작업의 속성만큼이나 단순한 것이다. 이 작업의 목적은 하나, 오직 하나이고 그 실천 과정 역시 하나지만, 작업 말미에 가서 목적을 달성하는 결정적인 방법에는 두 가지가 있기 때문이다. 여기에서 말하는 만일의 사태란 애초에 의도했던 첫째 방법을 인내심 약한 당신이 견뎌 내지 못할 경우다. 그때 선택해야 할 두 번째 방법은 아무것도, 아무 흔적도 남기지 않을 수 있는 과격한 것이다. 그 점이 바로 이 두 방법을 비슷하면서도 다르게 만드는 큰 변별 자질이다. 전자가 조용하고 평화로우며 그 결과가 당신 자신에게만 미친다면, 후자는 당신과 당신 주변을 순식간에 이 세상에서 사라지게 할 수도 있다. 그 점 전자가 후자보다 객관적으로 볼 때 경제적이라고 할 수도 있다. 물론 여기서 경제적이라는 의미는 작업에 드는 경비가 적게 먹힌다든가 하는 의미가 아니다. 사회적으로 볼 때 그렇다는 의미다. 물론 당신이 오로지 작업의 목적에만 충실하고자 한다면 그 뒤에 남는 결과라는 것이야 이미 당신이 연연해 할 것도 아니고, 또 그럴 수도 없는 것임은 두말할 나위가 없겠다.

-고정욱, 《선험》, 문학아카데미

2인칭도 소설이 될 수 있다는 가정 아래 내가 20대 후반에 쓴 소설 〈선험〉(부분인용)이다. 이 소설로 나는 1992년 〈문화일보〉 신춘문예 단편소설 부문에 당선되어 작가의 길을 걷게 되었다. 지금까지 남들이 쓰지 않은 새로운 형식의 글을 써본다는 게 얼마나 중요한지 잘 보여주는 예라 하겠다.

글쓰기 연습장                    년    월    일

1. 1인칭 주인공 시점으로 아래의 글을 이어서 써 보자.

   나는 오늘 기분이 더럽게 꿀꿀하다. 재민이가 다짜고짜 날 보고 욕을 했기 때문이다.

2. 3인칭 관찰자 시점으로 아래의 글을 이어서 써 보자.

   태민이는 왕따를 당하기 시작했다. 왕따의 가장 큰 조짐은 아이들의 외면이다.

3. 다음의 1인칭 시점에서 3인칭 시점으로 바꿔 써 보자.

    나는 보다 못하여 덤벼들어서 우리 수탉을 붙들어가지고 도로 집으로 들어왔다. 고추장을 좀 더 먹였더라면 좋았을 걸 너무 급하게 쌈을 붙인 것이 퍽 후회가 난다. 장독께로 돌아와서 다시 턱밑에 고추장을 들이댔다. 흥분으로 말미암아 그런지 당최 먹질 않는다.
    나는 할일없이 닭을 반듯이 누이고 그 입에다 궐연 물쭈리를 물리었다. 그리고 고추장 물을 타서 그 구멍으로 조금씩 들이부었다. 닭은 좀 괴로운지 킥킥하고 재채기를 하는 모양이나 그러나 당장의 괴로움은 매일같이 피를 흘리는 데 댈 게 아니라 생각하였다.
    그러나 한 두어 종지가량 고추장 물을 먹이고 나서는 나는 고만 풀이 죽었다. 싱싱하던 닭이 왜 그런지 고개를 살며시 뒤틀고는 손아귀에서 뻐드러지는 것이 아닌가. 아버지가 볼까 봐서 얼른 홰에다 감추어두었더니 오늘 아침에서야 겨우 정신이 든 모양 같다.
    그랬던 걸 이렇게 오다 보니까 또 쌈을 붙여놨으니 이 망할 계집애가 필연 우리 집에 아무도 없는 틈을 타서 제가 들어와 홰에서 꺼내가지고 나간 것이 분명하다.
    나는 다시 닭을 잡아다 가두고 염려는 스러우나 그렇다고 산으로 나무를 하러 가지 않을 수도 없는 형편이었다.
    소나무 삭정이를 따며 가만히 생각해보니 암만해도 고년의 목쟁이를 돌려놓고 싶다. 이번에 내려가면 망할 년 등줄기를 한번 되게 후려치겠다, 하고 싱둥경둥 나무를 지고는 부리나케 내려왔다.

- 김유정의 〈동백꽃〉 중에서

4. 다음의 3인칭 관찰자 시점에서 1인칭 시점으로 바꿔 써 보자.

    복녀는, 원래 가난은 하나마 정직한 농가에서 규칙 있게 자라난 처녀였다. 이 전 선비의 엄한 규율은 농민으로 떨어지자부터 없어졌다 하나, 그러나 어딘지는 모르지만 딴 농민보다는 좀 똑똑하고 엄한 가율이 그의 집에 그냥 남아 있었다. 그 가운데서 자라난 복녀는 물론 다른 집 처녀들과 같이 여름에는 벌거벗고 개울에서 멱 감고, 바짓바람으로 동리를 돌아다니는 것을 예사로 알기는 알았지만, 그러나 그의 마음속에는 막연하나마 도덕이라는 것에 대한 저픔을 가지고 있었다.
    그는 열다섯 살 나는 해에 동리 홀아비에게 팔십 원에 팔려서 시집이라는 것을 갔다. 그의 새서방(영감이라는 편이 적당할까)이라는 사람은 그보다 이십 년이나 위로서, 원래 아버지의 시대에는 상당한 농군으로서 밭도 몇 마지기가 있었으나, 그의 대로 내려오면서는 하나둘 줄기 시작하여서 마지막에 복녀를 산 팔십 원이 그의 마지막 재산이었다.

-김동인의 〈감자〉 중에서

→

시점을 바꿔 세상을 보는 건 글쓰기에만 유용한 게 아니야. 자기 계발에도 큰 도움이 된다고. 접착제를 개발했는데 잘 떨어지니까 아예 생각을 전환해 포스트잇을 만들었다는 이야기는 유명하잖아. 새롭게 세상을 보자고.

# 8
# 마음에 들 때까지
# 여러 번 고쳐 써라

🧑 박사님, 글을 썼는데 마음에 들지 않을 땐 어떻게 해야 하나요?

👨 말은 좀 실수를 해도 계속 보충을 하거나 표현을 바꾸면서 제스처 같은 것으로 보완할 수 있지만 글은 완성도 있게 써야 뜻이 온전히 전달된단다. 독자와 얼굴을 맞대고 글을 보여 줄 수는 없으니까. 그러다 보니 글 쓰는 사람은 늘 써 놓은 글이 뭔가 부족한 것 같고 잘못된 것 같다는 느낌이 들지. 그건 당연한 일이야. 어떨 때 자신이 쓴 글이 마음에 안 드니?

🧑 이 이야기를 하고 싶었는데 다른 이야기로 흘러가 버리거나 의도했던 대로 글이 써지지 않을 때가 있어요.

👨 그럴 때는 방법이 있지.

어떤 방법이죠?

 고쳐 써야지. 고쳐 쓰는 것은 글의 방향이 올바로 잡히고 주제가 확고부동할 때 가능한 일이란다. 그런데 초보자들의 경우 고쳐 쓰다가 글의 방향과 주제조차 흔들릴 때가 있어. 애초에는 A라는 방향으로 글을 썼는데 쓰고 나서 보니 B에 더 관심이 생기거나 C가 주제인 것 같다는 생각이 들 수도 있기 때문이지. 그럴 때는 방법이 없어. 다시 써야 해.

다시 써야 한다고요? 고치는 게 아니고요?

주제를 다시 정해서 새롭게 써야 해. 그래서 글 쓰는 작가가 직업 가운데 가장 단명하는 직업이란 말이 나온 거란다. 스트레스를 많이 받고 힘이 들기 때문이지.

몇 번이나 다시 써야 하나요?

원하는 글이 나왔다 싶을 때까지 계속해서 다시 써야지. 썼던 글을 버리고 새로운 아이디어로 주제, 에피소드, 표현, 구성 등 모든 것들을 다 새롭게 바꿔야 해. 최고의 선을 추구하는 것이 글이란다. 하지만 최고의 선은 누구도 정해 줄 수 없어. 스스로 읽고 독자들이 판단하는 것이니까. 독자들에게 OK 받을 때까지 끊임없이 다양한 형태를 보여줘야 해. 이는 마치 영화감독이 배우의 여러 가지 연기 중에서 자신의 작품에 가장 어울리는 것을 고르는 것과 마찬가지란다.

맞아요, 배우가 좋아야 작품이 사는 법이에요.

시나리오가 좋아야지.

감독도 좋아야 해.

하하하! 그 모든 것이 잘 어우러졌을 때 비로소 좋은 영화가 나올 수 있듯이 글도 여러 번 편집하고 수정하는 것을 두려워하지 않아야 한단다. 그러니 새로 쓰는 것을 두려워하지 않아야 좋은 글이 될 가능성이 높지.

## 노인과 바다

　그는 멕시코 만류가 흐르는 바다에서 작은 배를 타고 혼자 고기잡이를 하는 노인이었다. 노인은 여든네 날이 지나도록 물고기를 한 마리도 잡지 못했다. 처음 마흔 날 동안은 소년이 함께 배를 탔다. 하지만 한 마리도 못 잡은 채 마흔 날이 지나자 소년의 부모는 이쯤 되면 노인이 꼼짝없이 '살라오', 그러니까 모질게 운이 없는 거라고 말했다. 소년은 부모가 시키는 대로 다른 배로 일자리를 옮겼고, 그 배는 첫 주에 실한 놈을 세 마리나 잡았다. 소년은 노인이 날마다 빈 배로 돌아오는 게 안쓰러워 늘 잊지 않고 물가로 마중 나가 노인을 거들어 낚싯줄 다발 아니면 갈고리와 작살, 혹은 돛대에 둘둘 감긴 돛을 들어 주었다. 돛은 밀가루 포대로 누덕누덕 기워 붙인 것이었는데, 감겨 있는 모양새가 영원한 패배의 깃발 같았다.

　노인은 깡마르고 수척했으며 목덜미에 주름이 깊게 패어 있었다. 두 뺨에는 열대 바다가 반사하는 햇빛 탓에 생긴 경미한 피부암이 갈색 반점으로 피어 있었다. 반점들은 얼굴 양옆으로 한참 아래까지 번져 있었다. 두 손에는 낚싯줄에 걸려든 무거운 고기를 다루다가 줄에 베인 자국들이 깊게 주름져 있었다. 어느 것 하나 갓 입은 상처가 아니었다. 고기가 서식하지 않는 사막의 침식지형

만큼이나 오래된 것들이었다.

-어니스트 헤밍웨이, 백정국 옮김,《노인과 바다》, 꿈결

헤밍웨이의 《노인과 바다》(부분 인용) 도입부다. 헤밍웨이는 글쓰기가 학습이 아니라 오랜 시간의 고된 노력의 정직한 결과물이라 믿었고 그래서 끊임없이 쓰고 신물이 날 정도로 고쳐 썼다. 그는 《무기여 잘 있거라》를 집필하면서 시작 부분을 거의 쉰 번이나 다시 썼고 이 소설에 우리가 아는 결말 말고도 마흔일곱 가지의 서로 다른 결말을 남겼다고도 한다.

1. 《춘향전》을 읽고 결과를 바꿔 다시 써 보자.

2. 오늘의 일기를 사건 중심으로 써 보자.

3. 오늘의 일기를 다시 인물 중심으로 써 보자.

글을 다시 써야 한다고 두려워하지 마. 창조는 파괴에서 나온다고. 글도 여러 번 망쳐 봐야 정말 참신한 게 나올 수 있어. 힘을 내. 우리도 쥐를 잡기 위해 수없이 많은 훈련을 하고 수많은 실패 끝에 성공하는 거라고.

## 9
# 최대한 길게 쓰는
# 훈련을 하자

- 자 오늘은 죽음의 글쓰기를 한번 해 볼까.

- 죽음의 글쓰기가 뭐예요?

- 한없이 길게 쓰는 거지. 대부분 글짓기 숙제는 양을 정해 주잖니. 하지만 오늘은 생각나는 대로 계속해서 쓰는 거야. 최대한 길게 써 보는 거지. 자기가 생각하고 있는 모든 것, 알고 있는 모든 것을 총동원하는 거지. 에피소드도 잔뜩 집어넣고.

- 그렇게 쓰면 너무 지치잖아요, 선생님. 망원경과 현미경으로 번갈아 보면서 시점도 조절해야 한다면서요.

- 물론 그래야지. 하지만 글쓰기 훈련을 할 때는 무한정 길게 써 보는 것도 많은 도움이 된단다. 옛날에 날 찾아 왔

던 제자는 판타지 소설을 연습장으로 10권씩이나 써 온 적도 있단다. 쓰다 보니 머릿속에서 실타래가 풀리듯 이야기가 마구 만들어진 거지. 하지만 그것이 다 작품이 되는 건 아니란다. 수정하고 짧게 압축시켜 작품으로 완성해야 하지. 마치 조청을 졸이고 또 졸이면 맛있는 엿이 되는 것과 마찬가지야.

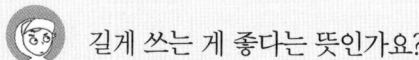 길게 쓰는 게 좋다는 뜻인가요?

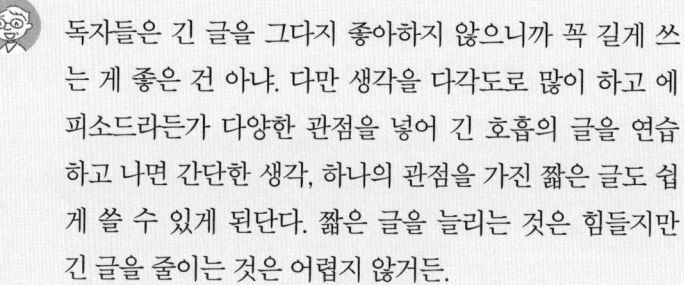 독자들은 긴 글을 그다지 좋아하지 않으니까 꼭 길게 쓰는 게 좋은 건 아냐. 다만 생각을 다각도로 많이 하고 에피소드라든가 다양한 관점을 넣어 긴 호흡의 글을 연습하고 나면 간단한 생각, 하나의 관점을 가진 짧은 글도 쉽게 쓸 수 있게 된단다. 짧은 글을 늘리는 것은 힘들지만 긴 글을 줄이는 것은 어렵지 않거든.

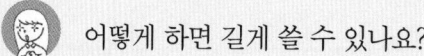 어떻게 하면 길게 쓸 수 있나요?

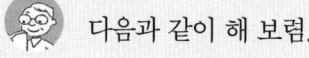 다음과 같이 해 보렴.

1. 현미경으로 바라보듯 글을 쓴다.
2. 다양한 지식과 정보를 사용해 글을 쓴다.
3. 주제와 연관된 에피소드를 다양하게 활용한다.

4. 액자 형식으로 이야기 안에 다른 이야기를 넣는다.

이런 식으로 글을 길게 쓰다 보면 필력이 늘 거야. 평소에 글쓰기 숙제를 내 주면 짧게 쓰고 말지 말고 길게 쓰는 훈련을 해 봐. 편지도 길게 쓰고 보고서도 길게 쓰고. 대학에 가서 리포터를 길게 쓰면 교수님들은 공부 많이 한 줄 알고 점수를 잘 주기도 해. 부모님이나 친지에게 편지를 쓸 때 길게 쓰면 오랜 시간 정성을 들여 썼구나 하고 생각한단다. 길게 쓰는 것을 두려워하지 마.

Reading Text
글쓰기 예문

　미국의 유명한 자연보호자인 존 뮤어는 미국 전역을 여행했다. 그는 숲 속에서 금광을 발견하기도 한 유명인이다.
　그러나 거목을 파괴하는 현장을 보고 그는 자연의 소중함을 세상에 알렸다. 자연을 있는 그대로 보존하는 것이 중요하다고 설파했다. 그 결과 미국은 환경 선진국이 되었다. 자신들의 국토 중 98%의 땅이 자연 그대로다. 무엇이든 있는 그대로 아끼고 보호하는 일은 결코 쉬운 일이 아니다.

---

　미국의 유명한 자연보호자인 존 뮤어는 평생 미국을 수없이 돌아다니며 여행했다. 가정도 있었고 돌봐야 할 딸도 둘이나 있었지만 70대 중반까지도 미국 곳곳의 산과 계곡을 돌아다녔다. 그는 숲 속을 다니다 금광을 발견하기도 했고, 그러다 보니 유명해져 글을 쓰거나 강연을 해 돈을 많이 벌기도 했다.
　그는 자연을 너무나 좋아했다. 있는 그대로의 자연을 좋아했기 때문에 자연을 보호하고 보전해야 한다고 생각했다.
　우리나라의 산을 한번 보자. 등산로를 내고 계단을 만들고 각종 안내판을 박아 넣은 뒤 입장료를 받는다. 산을 마음대로 주무

르려는 인간의 마음이 그대로 드러나 있다.

삼천 년 된 메타세쿼이아 나무들을 다이너마이트로 폭파시켜 쓰러뜨리는 사람들의 무지함을 보고 그는 용기를 내 사람들에게 이 사실을 알렸다. 그의 주장은 한번 파괴된 자연은 되살릴 수 없을 뿐만 아니라 아름다운 자연은 있는 그대로 놔두는 것만으로도 우리 인간들에게 많은 이익을 준다는 것이었다.

나무와 자연, 강과 산, 들을 보면서 무언가 손을 대야만 직성이 풀리는 인간들에게 그는 자연을 있는 그대로 보존하는 것이 중요하다는 사실을 가르친 거다. 그 결과 미국은 지금 전 세계에서 자연보호가 가장 잘 된 나라 가운데 하나가 되었다. 미국이 강대국이어서 많은 국토가 개발되어 있을 것 같지만 사실 도로를 내고 길을 닦고 건물을 지어서 개발한 면적은 전 국토의 2%밖에 되지 않는다. 아직도 98%의 땅이 자연 그대로인데도 전 세계에서 최강국이니 자연을 보호하는 것이 얼마나 중요한지 알 수 있다.

모든 것을 자신이 뜻하는 대로 마음껏 헤집고 싶어 하는 것이 인간이다. 만에 하나 그렇게 마음대로 할 수 있다면 그다음엔 무엇을 할까. 또다시 새로운 욕구를 찾아 나서게 될 것이다.

쉽지만은 않겠지만 자연을 보존하다 보면 우리는 내적 성숙을 얻게 되고 자신이 할 수 있는 새로운 목표를 찾을 수 있을 것이다. 이 세상에서 모든 목표를 다 이루고 모든 꿈을 다 성취할 수 있는 사람은 없는 법이니까. 때로는 마음대로 할 수 있는 것이 별로 없어서 속상할 것이다. 그럴 때면 자신을 괴롭히고 자신을 파멸시키고자 하는 자책감에서 벗어나 있는 그대로도 충분히 아름다운 주위를 보며 자기 자신을 추스르는 것도 중요할 것이다.

여기에 해당하는 아주 좋은 노래가 있다. 젊은 시절 수없이 많은 방황과 고통을 겪은 전설적인 그룹 비틀스의 〈Let it be〉가 바로 그것이다. 이 노래에는 그대로 내버려두라는 놀라운 깨달음이 담겨 있다.

내가 근심에 빠진 나 자신을 발견했을 때
성모 마리아가 내게 와 지혜로운 말을 해 주셨어요
그대로 내버려 두어라.

암흑의 시간 중에도 성모마리아는 내 앞에 똑바로 서서
지혜의 말씀을 해 주셨어요
그냥 그대로 두어라…….

그들 역시 세상일이 결코 뜻대로 되지 않는다는 것을 터득하고 노래로 부른 거다. 그런데 이 노래를 만들면서 이걸로 세계적인 히트곡을 만들자고 작정한 것이었다면 역설적으로 자신들 뜻대로 된 것이긴 하다.

자연보호에 관한 글이다. 최대한 길게 늘여 쓰기 위해 일화와 유명한 노래를 인용했다. 앞의 간략한 글과 비교해 보자.

글쓰기 연습장     년   월   일

1. 아래 단어들이 모두 들어가게 글을 써 보자.

나무, 자동차, 마트, 세탁기, 학교, 슬리퍼, 매점, 저녁, 야자, 택시, 별, 체벌, 농구, 운동화, 내기, 상처, 부상, 몸무게, 흙, 바람, 유모차, 중국집, 문방구

→

2. 노래 〈섬집 아기〉를 산문으로 써 보자.

엄마가 섬 그늘에 굴 따러 가면
아기가 혼자 남아 집을 보다가
바다가 불러 주는 자장노래에
팔 베고 스르르 잠이 듭니다

아기는 잠을 곤히 자고 있지만
갈매기 울음소리 맘이 설레어
다 못 찬 굴 바구니 머리에 이고
엄마는 모랫길을 달려옵니다

3. 다음 시를 긴 글로 만들어 보자.

### 강릉 아재

먼지 낀 채로 녹이 슨 시장 앞 거치대에
오랜 시간 방치된 리어카를 봤다

누가 놓고 간 걸까
그 누구도 거들떠보지 않는 그것들을 바라보다

질척거리던 어시장 골목길에서
손수레를 끌고 다녔던 아재의 기억을 되살려

바람 빠져 주저앉은 헌 바퀴를
새 바퀴로 갈아 끼운 뒤 바퀴를 굴리고 싶었다

짐을 가득 싣고 땀을 뻘뻘 흘리며
사과밭 뒤 언덕을 오르고

속초항에서 거친 어부들 사이 해맑게 웃는
다른 이들과는 너무도 달랐던

월남전에서 왼팔이 떨어져 나간
상이용사인 그가 떠올랐다

그는 수레와 같은 사람이었기에

—강만수, 《피아노 계단》, 황금두뇌

 100미터 달리기 선수가 딱 100미터만 뛰지는 않아. 우리 고양이들도 먹을 만큼만 쥐를 잡지 않는다고. 쥐가 보이면 닥치는 대로 잡지. 뭐든 많이 해 봐야 실력이 느는 거니까.

# 10
# 주장이나 결론을
# 먼저 제시해라

- 눈길을 사로잡는 글을 쓰고 싶다면 앞부분에 결론을 먼저 제시하는 게 좋단다.

- 결론을 먼저 제시하면 재미없지 않을까요? 두괄식, 중괄식, 미괄식 이런 것 중에 두괄식이 좋다는 말씀이신거죠?

- 두괄식? 중괄식? 그건 뭔데?

- 박사님, 저도 들어본 적은 있는데, 그게 뭔지는 잘 모르겠어요.

- 두괄식, 미괄식, 중괄식은 다음과 같은 걸 말한단다.

  - 두괄식 표현 : 말하고자 하는 요지를 글 앞부분에 두어 빠른 시간 안에 자신의 핵심 의견을 내놓는 방법. 두괄식 표현은 글쓴이가 이

야기하고 싶어 하는 것이 무엇인지를 쉽게 전달한다. 또한 두괄식은 독자에게 좀 더 빨리 내 의사를 전달할 수 있다.
- 중괄식 표현 : 주제문이 문단이나 글 중간에 오는 산문 구성 방식. 첫 한두 문장 정도에 보통 자기 생각이 아닌 일반적인 생각을 제시하고 그 일반적인 생각을 비판한 후 자신의 주장을 제기한다.
- 미괄식 표현 : 말하고자 하는 요지를 글의 뒷부분에 두어 글의 결론과 자연스럽게 이어지게 하는 방법. 누군가를 설득하려면 미괄식이 좋다.

하지만 이런 이론이 중요한 게 아니야. 결론을 어디에 두는가를 결정하는 건 글 자체란다. 그런데 요즘 글쓰기 트렌드가 바뀌었단다.

정말요? 누가 바꿨는데요?

내가 바꿨지. 하하. 요즘 너희들 스마트폰으로 글을 읽을 때 어떠니? 첫 문장부터 재미있고 결론이 먼저 나오지 않으면 읽고 싶지 않지? 너희들은 신문 기사나 아이돌 스타들의 스캔들 같은 것도 맨 처음부터 결론이 나와야 읽잖아.

맞아요.

꼭 스캔들 기사뿐만이 아니라 요즘같이 바쁜 시대에는

두괄식 글이 큰 힘을 발휘한단다. 그래서 나는 결론부터 먼저 제시하라고 권하고 싶어. 결론부터 제시하면 사람들에게 궁금증을 유발하게 되고 그것을 읽으면서 내 주장에 동조하게 되지. 또 결론을 먼저 제시하면 뒷부분까지 안 읽어도 내가 말하고자 하는 바를 효과적으로 전달할 수 있고.

 독자들은 인내심이 없군요.

 맞아. 인내심이 없는 독자들을 붙잡으려면 앞부분에 힘을 실어 주어야 한단다. 첫인상이 중요하듯 글도 도입 부분이 가장 중요해. 차분하게 읽는 글은 그럴 필요가 없지만 짧은 시간에 강한 임팩트를 주려면 첫 문장부터 결론을 제시하는 게 좋아. 결론부터 제시하고 그다음에 왜 그런 결론을 얻게 되었는지를 설명해야 글이 힘을 발휘할 수 있단다. 특히 요즘 같은 스마트폰 시대에는.

Reading Text
글쓰기 예문

## 책을 읽자 📖

　살아남으려면 책을 읽어야 한다. 살기 위해 먹는 양식에는 두 가지가 있다. 매일 매일 생활하고 움직이기 위해서 먹는 양식은 물질적 양식이라 할 수 있다. 우리가 먹고 마시는 모든 음식물이 여기에 해당될 것이다. 그런데 인간다운 정신을 유지하고 사람답게 살기 위해서는 마음의 양식 또한 필요하니 책을 읽는 것이 바로 그것이다.

　만일 사람이 책을 읽지 않고 물질적 양식만 섭취한다면 인격을 갖추지 못한 짐승과도 같은 인간이 되고 만다. 인간은 누구나 완전한 존재가 아니다. 우리를 덜 다듬어진 불완전한 사람이라고 한다면 완전히 다듬어진 사람을 인격자라고 한다. 어찌 보면 모든 사람은 인격자가 되기 위해 부단히 노력하는 것인지도 모른다. 그렇지만 인격자가 되는 것은 참으로 힘든 일이다. 부자라고 해서 인격을 돈으로 살 수 있는 것도 아니고, 외국 유학을 갔다 온다든가 해 공부를 많이 했다고 인격자가 될 수 있는 것도 아니다.

　훌륭한 인격자가 되기 위해서는 개개인의 노력이 필요하다. 자신을 수양하고, 인내심을 기르고, 바른 마음을 가지도록 노력해야 하며, 다양한 지식 또한 필요하다.

　인격자가 되는 방법 가운데 가장 빠른 길이 바로 좋은 책을 많이 읽는 것이다. 책에는 과거 선인들이 고민해서 얻은 경험과 교훈이 가득 들어 있기 때문이다. 그렇기에 우리는 독서를 많이 하라는 말을 자주 듣는 것이다.

책을 많이 읽으면 실수를 하지 않게 되고 겸손한 마음을 갖게 되며 생각이 깊어진다. 독서로 이런 자세를 가다듬는 사람이 바로 인격자인 것이다. 조선 명종 때 학자인 황준량은 책을 읽고 공부하는 것은 마음을 다스리고 기운을 기르는 것을 근본으로 하는 것이며 책을 읽음으로 해서 병이 생기지 않는다고 했다.

우리가 존경하고 따르고자 하는 우리나라의 애국자들은 대부분 훌륭한 인격자였다. 일본의 이토 히로부미를 만주 하얼빈 역에서 암살한 안중근 의사도 독서를 통해 그런 뛰어난 인격을 갖추었던 분이다.

안중근 의사는 이토 히로부미를 살해한 후 일본 경찰에 체포되어 여순 감옥에 6개월 동안 갇혀 있었다. 일본 입장에서 본다면 위대한 애국자인 이토를 죽인 안중근 의사는 원수나 마찬가지였다. 그렇지만 여순 감옥에서 안중근 의사를 감시했던 일본인들은 대부분 안중근 의사의 높은 인격에 큰 감동을 받았다. 나중에 여순 감옥 소장을 지냈던 일본인조차 그가 만났던 인물 가운데 가장 위대한 사람은 바로 조선의 독립 운동가 안중근 선생이라고 말할 정도였다.

죽음을 앞두고 감옥 생활을 하면서도 안중근 의사는 전혀 겁을 먹지 않았다고 한다. 오히려 몸무게가 7kg 정도 늘었다. 이를 이상하게 여긴 일본인 간수가 죽음이 두렵지 않냐고 묻자 안중근 의사의 대답은 나라를 위해 남아로서 의당 할 일을 했는데 어찌 즐겁지 않겠느냐고 했다는 것이다. 이에 놀란 일본인은 안 의사의 그 놀라운 인격은 어디에서 나온 것이냐고 물었다. 그때 안 의사가 한 말은 유명하다. "진정 의로운 사람이 되기 위해 하루라도 책을 읽지 않으면 입에 가시가 돋는 법이다."

안중근 의사는 감옥 생활을 하면서도 엄청나게 많은 책을 쌓아 놓고 읽고 공부했다. 안중근 의사의 훌륭한 인격은 바로 좋은 책을 많이 읽는 독서에서 비롯된 것이었다.

사형을 집행하려 할 때 안 의사는 마침 공부한 걸 토대로《동양평화론》이라는 책을 쓰고 있었는데 아직 서론만 쓴 상태였다. 안 의사는 그 책을 다 쓸 때까지 사형을 15일만 연기해 달라고 일본 제국주의자들에게 부탁했다. 그들은 안중근 의사의 높은 인격에 이미 감화된 상태였기 때문에 그의 부탁대로 사형을 연기해 주었다고 한다. 그 전까지는 한 번도 사형을 연기한 사례가 없었다고 하니 독서를 통한 안중근 의사의 높은 애국심과 인격은 우리 민족의 자랑이 아닐 수 없다.

우리 민족에게 한글이라는 좋은 문자를 만들어 주신 세종대왕도 독서를 무척이나 좋아하신 분이었다. 어려서부터 책 읽기를 좋아하신 세종대왕이 세자가 되었을 때 일이다.

눈만 뜨면 책을 읽고 있으니 아버지인 태종은 은근히 걱정되었다. 그도 그럴 것이 나라를 이어받아 백성을 다스려야 할 세자가 너무 책만 읽어 건강이 상할까 염려되었던 것이다.

결국 세종대왕은 책을 너무 많이 봐 안질에 걸렸다. 눈물이 줄줄 흐르고 눈곱이 끼며 눈 주위가 퉁퉁 부어올랐는데도 세종대왕은 책 읽는 것을 멈추지 않았다. 더 이상 두고 볼 수 없었던 태종은 세종대왕 방에 있는 책을 다 치워 버리라고 명령했다. 자신의 건강을 염려하는 아버지의 마음을 알기에 세종대왕은 가만히 누워서 눈병이 낫기만을 빌었다. 그렇지만 책을 읽지 않으니 세종대왕에게는 아무런 즐거움이 없었다고 한다.

그러다 세종대왕은 사람들이 책을 다 가져가면서 못 찾은《구소수간》이라는 책 한 권을 병풍 틈에서 발견했다. 그러자 세종대왕은 그 책을 몰래 숨겨 놓고 읽기 시작했다. 다시 책을 읽기 시작하자 마음속에서는 즐거움이 샘솟았다. 읽고 또 읽기를 수백 번…… 마침내 그 책은 묶었던 끈이 떨어지고 종이가 너덜너덜해지고 말았다고 한다. 세종대왕이 훌륭한 업적을 많이 남기고 나라를 부강하게 할 수 있었던 것은 이처럼 책을 많이 읽어 바른 마음으로 옳은 정치를 했기 때문이다.

요즘은 책 말고도 온갖 볼거리들이 많아졌다. 텔레비전에 오락, 웹툰 등 그렇지만 이럴 때일수록 책 읽기를 게을리해서는 안 된다. 참으로 값진 지혜는 독서를 하는 데서 얻어질 수 있기 때문이다.

옛날 중국의 차윤이라는 사람은 집이 너무 가난해 등불을 밝힐 기름조차 살 돈이 없었다. 그래서 그는 수십 마리의 반딧불을 잡아다 얇은 주머니에 담아 그 빛으로 밤새 책을 읽어 이부상서라는 높은 벼슬에 올랐다. 또한 손강이라는 사람 역시 돈이 없어 책을 보기 위해 겨울에 하얀 눈빛으로 책을 읽어 어사대부라는 벼슬까지 올랐다. 이들이 이처럼 어려운 가운데서도 책 읽기를 게을리 하지 않은 것은 책이 마음의 양식이기 때문이다.

독서는 우리들의 품성을 가다듬고 훌륭한 사람이 되도록 이끌어 준다. 과거 훌륭했던 분들은 좋은 책을 읽음으로써 자신의 인격을 닦고 훌륭한 일을 많이 할 수 있었다. 우리도 정신을 살찌우고 인격자로서 바르게 살아가려면 늘 좋은 책을 많이 읽는 자세를 지녀야 할 것이다.

책의 해에 청탁받아 쓴 글이다. 다짜고짜 살아남으려면 책을 읽어야 한다는 결론부터 제시하고는 책을 중요하게 여긴 사람들의 고사를 예로 들어 이야기를 풀어나갔다. 독자들에게 내가 하려는 이야기가 무엇인지 대놓고 강조한 것이다.

글쓰기 연습장    년   월   일

1. 다음 소재로 글을 쓸 때 첫머리에 결론부터 쓴다고 생각하고 짧은 글을 써 보자.

| 스마트폰 |

| 통영 |
통영은 매력적인 관광도시다. 한려수도의 절경을 볼 수 있는 케이블카, 벽화 마을의 시초인 동피랑, 남도 특유의 정이 느껴지는 재래시장, 싱싱한 해산물이 가득한 중앙시장 등이 관광객을 즐겁게 한다. 현대 문학가들의 기념관도 많아서 예술의 도시로도 통한다.

| 얼짱 |

2. 첫 문장부터 독자들을 어떻게 주목하게 하는지 아래 주제어가 들어간 기사나 칼럼을 찾아서 가장 감명 깊게 읽은 글의 첫 문장을 적어 보자.

북한 핵 :

외환위기 :

전기차 :

구글 :

인공지능 :

테러 :

3. 다음 글은 미괄식이다. 두괄식으로 바꿔 보자.

여러분도 아시다시피 지난 3월 11일, 거대한 지진이 일본 동북 지방을 덮쳤습니다. 지진 자체로 인한 피해도 엄청난 데다가 그 후에 덮친 해일이 할퀴고 지나간 흔적은 굉장했습니다. 해일의 높이가 39미터까지 올라간 곳도 있었습니다. 39미터라고 하면 일반 빌딩의 10층 정도입니다. 해안 근처에 있던 사람들은 미처 피하지 못하고 2만 4,000명에 가까운 이들이 희생되었으며 그중 9,000여 명은 아직도 실종 상태입니다.

(중략)

왜 이런 비참한 사태가 일어났는지 그 원인은 분명합니다. 원자력발전소를 건설했던 사람들이 이렇게 큰 해일이 닥쳐오리라고 예상하지 못했기 때문입니다. 또한 원자력발전소의 안전 대책을 엄격히 관리해야 할 정부도 원자력 정책을 추진하기 위해서 그 안전 기준의 수준을 낮추고 있었던 것입니다.

왜 이런 일이 생겼을까요? 대답은 간단합니다. '효율'입니다. 원자로는 효율이 높은 발전 시스템이라고 전력 회사는 주장합니다. 또한 일본 정부는 특히 오일쇼크 이후 원유 공급의 안정성에 의문을 품고 원자력발전을 국가 정책으로 추진해 왔습니다. 전력 회사는 막대한 자금을 선전비로 뿌려 대며 미디어를 매수해 원자력발전은 안전하다는 환상을 국민에게 심어 주었습니다.

원자력발전에 우려를 품은 사람들에게는 "그럼 당신은 전력이 부족해도 괜찮다는 거군요? 여름에 에어컨을 사용할 수 없어도 좋습니까?"라는 식의 위협이 가해집니다. 원자력발전에 의문을 표하는 사람에게는 '비현실적 몽상가'라는 딱지가 붙여지게 됩니다. 그렇게 해서 우리는 지금 여기에 이르렀습니다. 안전하고 효율적이라던 원자로는 지금 지옥문을 열어 버린 것 같은 참상을 드러내고 있습니다.

- 무라카미 하루키, 〈카탈로니아 국제상〉 수상 연설 중에서

4. 요즘 학생들의 '외모 지상주의'에 대한 나의 생각을 결론부터 제시하여 글을 써 보자.

 사실 결론을 너무 먼저 말해 버리면 너무 들이댄다는 느낌을 줄 수도 있어. 하고픈 말을 어디에 넣느냐는 전적으로 글의 성격, 작가의 태도, 주제의 성질 등 다양한 요소를 고려해야 해.

# 11
# 독자 수준을 고려해 써 보자

제 글은 너무 딱딱하고 어렵대요.

제 글은 너무 추상적이래요.

제 글은 무슨 소리를 하는지 도대체 알 수가 없대요.

하하. 친구들이 그런 이야기 하면 기분이 어때?

기분 나빠요.

제가 쓴 글을 가지고 이러쿵저러쿵하니까요.

뭐가 그렇게 어렵다는 건지, 그럼 얼마나 쉽게 써야 하는 건지 정말 모르겠어요.

우선 누굴 위해 글을 쓰는 건지 생각해 보자. 글은 독자들에게 읽히기 위해 쓰는 거야. 한 마디로 내가 아무리 좋은 이야기를 멋들어지게 써도 독자들이 이해하지 못하면 아무 소용없단다. 그럼 말은 누구를 위해 하는 걸까? 말도 듣는 사람을 위해서 하는 거야. 그렇기 때문에 모든 말과 글은 듣는 사람, 읽는 사람을 위한 거란다. 따라서 글은 독자를 배려해서 써야 하는 거야.

 독자를 배려해서 쓰려면 어떻게 써야 하죠?

 좋은 질문이다. 독자 입장에서 글을 쓰려면 다음과 같은 사항을 유의하면 돼.

1. 내가 알고 있는 것을 독자들은 다 알지 못한다는 점을 고려해라. 즉 너무나 당연한 이야기라도 독자들은 모른다고 생각하고 때에 따라 설명을 해 주어야 한다
2. 되도록 쉽게 써라.
3. 짧게 단문으로 써라.
4. 육하원칙에 맞춰 써라. 언제, 어디서, 누가, 무엇을, 어떻게, 왜 했는지를 알려줘야 한다.
5. 주제가 분명해야 한다.
6. 에피소드나 흥미 요소를 잘 배치해야 한다.

한마디로 나는 알아도 독자는 모른다는 생각을 하고 쓰면 틀림이 없어. 그래서 글을 쓸 때는 중학생도 이해할 수 있게 쓰라고 하는 거야.

중학생이요?

방송국에서 PD들이 TV 프로그램을 만들 때 가장 기준이 되는 시청자가 어느 연령층인지 아니? 바로 중학생이야. 중학생도 이해할 수 있는 수준이어야 한다는 거지. 그것은 글에 있어서도 마찬가지야. 중학생도 이해할 정도의 글을 쓰면 다음과 같은 좋은 점이 있단다.

1. 많은 독자를 확보할 수 있다.
2. 나의 주장을 쉽게 이해시킬 수 있다.
3. 쉽고 간결한 표현력을 기를 수 있다.

독자 수준에 맞춰 글을 쓴다는 건 이렇게 어려운 거야. 교수들이 쓴 글이 왜 어려운 줄 아니? 대학생이나 교수들을 상대로 글을 쓰기 때문이야. 그래서 일반인이 읽으면 무슨 말인지 알 수가 없지. 쉽게 글을 쓰기가 더 어려운 거란다.

# Reading Text
## 글쓰기 예문

## 쓸쓸한 밤길

아이마다 즐겁게 잠을 깨는 단옷날 아침이었으나 영남이는 이 날도 다른 날 아침과 같이 그 꼬집어 뜯는 듯한 아주머니 목소리에 선잠을 놀라 깨었습니다.

어린 마음에 울고 싶은 생각도 아침마다 치밀었으나 이만 설움은 하루도 몇 차례씩 겪는 일이요, 울지 않아 몸부림을 하더라도 영남이의 하소연을 받아주고 위로해 줄 사람은 한 사람도 없었습니다. 집집마다 있는 아버지, 아이마다 있는 어머니가 영남이에게는 어느 한 분도 계시지 않았습니다.

영남이는 아직 컴컴한 외양간으로 들어가 소를 몰고 나왔습니다. 이것은 영남이가 매일 아침 눈을 뜨며부터 맡아놓고 하는 일의 시작이었습니다. 해도 퍼지지 않은 차가운 이슬밭을 드러난 정강이로 헤치며 밭머리를 올라갈 때 어청어청 따라오는 황소도 그 껌벅거리는 눈 속에 아직 잠이 서려 있거늘 나이 어린 영남이야 얼마나 아침 이슬이 차갑고 설친 잠이 졸렸겠습니까? 그러나 영남이는 이만 일은 벌써 졸업이 되어서 아무렇지도 않았습니다.

영남이가 풀 많은 산기슭에 소를 매어놓고 다시 집으로 내려오는 길이었습니다. 어디서 영남이를 보았는지 여기 있는 것을 모르고 공연히 한참 찾아다녔다는 듯이 이슬에 젖은 꼬리를 뒤흔들며 뛰어오는 큰 개 한 마리가 있었습니다.

그 개는 쓸쓸한 영남이의 둘도 없는 동무인 바둑이였습니다. 바둑이는 영남이가 김매러 가면 그도 밭머리에 나와 있었고 영남이가 나무하러 가면 그도 산에 따라와 있었습니다.

바둑이가 영남이를 어찌 좋아하는지 누가 '영남아' 하고 부르면 영남이보다도 바둑이가 어디선지 먼저 뛰어오는 때가 많았습니다.

영남이는 집에 들어오는 길로 안방으로 들어가 사기요강 놋요강을 찾아 들고 걸레를 모아 들고 앞에 있는 개울로 나왔습니다. 물론 바둑이도 꼬리를 흔들며 따라 나왔습니다. 영남이가 바둑이가 어쩌나 보려고 일부러 걸레를 떨어뜨리고도 모르는 체하고 개울까지 와서 돌아다보면 바둑이는 으레 그 걸레를 물고 와서 서 있었습니다.

이날도 영남이는 바둑이 입에서 걸레를 빼서 빨아놓고 요강도 부셔놓고 자기가 세수를 하는 때였습니다. 그때에 누군지 영남이 뒤에서 영남이가 세수하느라고 돌 위에 꼬부리고 앉았는 것을 얌체 없이 왈칵 떠밀어서 물속에 텀벙 빠지게 하고 그리고 영남이가 물에서 나오기 전에 놋요강 하나를 흘러가는 개울에 띄워놓고 달아나는 아이가 하나 있었습니다. 그 아이는 영남이와 남도 아니었습니다. 영남이가 지금 있는 아주머니의 아들 대근이었습니다.

대근이는 영남이보다도 세 살이나 위요 영남이가 못 다니는 학교에까지 다니는 형으로서, 걸핏하면 공이나 차듯 영남이를 차고 영남이는 알아듣지도 못하는 일본 말로 욕을 하고 놀리고 비웃고 하였습니다.

사실 지금 대근이네가 사는 집은 영남이네 집이었습니다. 영남이가 어머님 한 분과 바둑이와 그리고 일꾼을 두고 남의 땅을 부치면서라도 재미있게 살아가던 영남이네 집을 영남의 어머님이 돌아가시자 대근이네가 옛날에 돈 받을 것이 있다는 핑계와 영남이를 데리고 있으면서 길러주겠다는 핑계로 자기네 집은 팔아가지고 영남이네 집으로 왔던 것입니다.

-이태준, 문학을 권하다 18《해방 전후》, 애플북스

〈쓸쓸한 밤길〉(부분 인용)은 이태준이 본격적인 작품 활동을 하던 1930년대 전후에 발표한 아동문학 작품 중 한 편이다. 아이들 눈높이에 맞춘 치밀한 묘사를 통해 이야기에 생동감을 주고 정서적 정감을 통해 아이들 스스로 생각하고 느낄 수 있는 여지를 주고 있다. 이태준은 자신의 체험을 밑거름으로 절제, 함축, 그리고 세심한 묘사로 시대를 아우르는 어린이의 원형을 그려내 감동과 여운을 주었다.

## 글쓰기 연습장

년    월    일

1. 나를 전혀 알지 못하는 처음 만나는 사람에게 나를 소개하는 글을 5줄 정도로 써 보자.

2. 시각 장애인 친구에게 나를 소개하는 글을 5줄 정도로 써 보자.

3. 최근에 읽은 책이나 글 중 기억에 남은 것을 동생에게 설명하듯 쉽게 써 보자.

4. 다음 글을 초등학생에게 설명하듯 쉽게 고쳐 써 보자.

카리스마

추종자들이 지도자가 갖추고 있다고 믿는 경외로운 속성이나 마력적인 힘, 또는 사람을 강하게 끌어당기는 인격적인 특성. 종교 지도자만이 아니라 세속적인 정치 지도자들에게서도 찾아볼 수 있다. 카리스마라는 말은 독일의 사회학자 막스 베버에 의해 학술적인 용어로 본격 사용되기 시작했다. 베버는 그의 저서 《경제와 사회》에서 카리스마적 권위를 전통적·법률적 권위와 구별되는 형태의 권위로서 정식화했으며, 이런 권위가 변형되는 과정을 '카리스마의 일상화'라고 표현했다. 일반적인 의미로는 대중적이고 사람을 끌어당기는 힘을 가진 사람들을 카리스마적이라고 하지만, 원래의 뜻에 의하면 예수나 나폴레옹처럼 비범한 인물들만을 카리스마적이라고 규정할 수 있다.

-출처 : 다음 백과사전

5. 최근 유행하는 신조어를 적어 보자.

버카충, 깜놀,

신조어를 잘 모르는 엄마나 아빠에게 신조어를 3~4개 골라서 알기 쉽게 설명해 보자.

 '고양이 쥐 생각한다'라는 말이 있지? 이 장에서는 정반대로 이해해야 해. 고양이가 쥐를 생각하겠어? 먹이일 뿐인데. 그렇지만 작가는 독자 생각만 해야 해. 내 글을 한 사람이라도 더 많이 읽어 주었으면 하는 마음이 바로 독자 사랑이야. 그러려면 독자 입장에서 글을 써야지. 야옹.

# 12
# 문장을 짧게 끊어
# 간결하게 쓰자

박사님, 문장을 짧게 끊어 쓰려고 하는데 자꾸만 길어져요.

글은 말도 아니고 생각도 아닌 그야말로 글이야. 눈으로 읽어서 이해해야 한다고. 그런데 눈으로 이해하는 데는 한계가 있지. 그렇기 때문에 짧게 끊어 쓴 문장이 좋다고 하는 거야. 글이 자꾸 길어지는 건 생각이 정리되지 못해서기도 하고, 본인의 글에 자신감이 없어서 자꾸만 설명이 더해지기 때문이기도 해. 그러다 보면 비문이 만들어지기도 하지. 되도록이면 한 문장에 하나의 뜻을 담도록 해 봐. 그리고 간결하게 쓰는 연습을 자꾸 해 봐.

간결하다는 건 뭔가요?

문장을 겹문장으로 만들지 말고 홑문장으로 쓰는 거야.

겹문장 : 서술어가 둘 이상 있어서 주어와 서술어의 관계가 두 번 이상 맺어져 있는 문장.

예를 들면 '보담이가 1등이고, 재석이가 꼴등이다'라는 문장은 '보담이가 1등이다'라는 문장과 '재석이가 꼴등이다'라는 문장이 동등하게 이어진 겹문장이야.

그럼 '보담이가 1등이니 재석이는 절대 1등을 못 한다' 이건요?

그 문장은 앞 문장과 뒤에 나오는 문장이 대등관계로 만난 것이 아니고 뒤쪽이 주절로, 앞쪽이 종속절로 만난 거지. 그러니까 겹문장 중에서도 종속적으로 이어진 문장이라고 할 수 있지. 대등한 문장은 앞뒤 문장을 바꿔도 의미가 변하지 않아. 이러니까 홑문장보다 의미가 복잡하고 어려워지지. 예를 들면 '재석이가 웃었다', '보담이가 예쁘다' 같은 문장이 홑문장야.

홑문장 : 주어와 서술어가 각각 하나씩 있는 문장.

홑문장은 복잡할 게 없네요.

겹문장이 어려울 것 같아요.

맞아. 이 겹문장은 여러 종류로 나뉘는데. 제일 먼저 알아야 할 것이 이어진 문장이야.

이어진 문장 : 홑문장 두 개 이상이 마침표 없이 이어져 나열된 문장.

두 문장이 이어진 문장 중에도 대등하게 이어진 문장과 종속되어 이어진 문장이 있어. 대등한 건 '재석이는 펜을 좋아하고, 보담이는 꽃을 좋아한다' 같은 것이지.

 종속적인 것은요?

 민성이가 셔터를 누르니 보담이가 방긋 웃었다. 이건 셔터 누른 게 부가 되고 웃은 게 주가 되는 이어진 문장이야.

대등하게 이어진 문장 : 앞 문장과 뒤 문장의 관계가 대등하게 이어진 문장.
종속적으로 이어진 문장 : 한 문장이 다른 문장에 종속된 상태로 이어진 문장.

 셔터 누른 게 주가 아니에요?

 원인과 결과잖아. 그러니 결과가 주가 되어야지.

🙋‍♀️ 그럼 어제 보담이가 '민성이가 "내일 내 사진 찍어줘"라고 부탁했다.' 이런 문장은요?

👨‍🏫 안 그래도 말하려고 했지. 그런 문장은 안은문장이라고 해.

안은문장 : 문장 안에 다른 문장이 하나의 문장 성분으로 들어 있는 문장.

🙋‍♀️ 다 합쳐진 형태는 없나요?

👨‍🏫 그건 혼합문이라고 하지. 안은문장, 홑문장, 이어진 문장 등이 마구 뒤섞인 거야. 이렇게 문장이 자꾸 얽히고설키다 보면 사람들은 어느 것이 중요한 것인지 알 수가 없게 돼. 그래서 되도록이면 글은 간결하고 짧게 쓰려고 노력해야 한단다.

🙋‍♀️ 저는 글을 쓰다 보면 자꾸만 길어져서 결국엔 무슨 말을 하려고 한 건지 알 수가 없게 돼요.

👨‍🏫 길게 쓰다 보면 비문도 나오고 생각도 꼬이지. 글을 쓰는 목적이 의사 전달이니까 길게 쓰는 건 좋지 않아. 홑문장은 힘이 있고 무게감이 있어. 그리고 실수를 줄여 주지.

Reading Text
글쓰기 예문

여러분의 진로는 분명합니다. 쉽지는 않겠죠. 여러분은 그냥 계속해서 일을 하기만 하면 됩니다. 아주 단순합니다. 이것은 시작입니다.

앞으로 여러분을 위해서 새로운 문이 기다리고 있을 것입니다. 여러분을 기다리고 있는 그 문은 거절의 문입니다. 그것은 피할 수 없는 사실입니다. 그것은 졸업자들이 현실 세계라고 부르는 것입니다. 고통스럽겠지만, 고통 없이 우리가 무슨 일을 할 수 있겠습니까?

물론 거절은 고통스럽습니다. 여러분은 감독, 배우, 연출 등의 일자리를 찾는 과정에서 무수한 실패를 경험하게 될 것입니다. 여러분은 배역을 따기 위해 많은 오디션을 거쳐야 하고, 자신의 능력을 감독이나 투자자들에게 보여줘야 합니다. 하지만 거절당하는 것이 내 잘못이라고 생각하지 마세요. 그 감독 머리에는 다른 스타일의 배우가 있을 뿐이니까요.

(중략)

여러분은 이제 졸업을 하고, 맞춤 티셔츠를 입게 될 것입니다. 뒷면에 거절이라는 단어가 적힌 티셔츠를……. 하지만 그 티셔츠 앞에는 "다음(NEXT)"이라는 말이 적혀 있습니다. 당신이 원하는 배역을 얻지 못했다고요? 그렇다면 다음! 그다음! 그래도 안 되면 그다음! 그러면 여러분은 해낼 수 있습니다.

명배우인 로버트 드니로가 뉴욕 예술 대학교에서 졸업식 축사로 한 명연설이다. 짧고 분명한 문장으로 자신의 당부를 졸업생들에게 전하고 있다.

## 글쓰기 연습장

년    월    일

1. 다음 문장을 간결하게 끊어서 다시 써 보자.

시인 오만환의 세계관을 한마디로 요약한다면 '정의를 좇되 불의를 탓하지 않는다'는 것이기에 상하좌우의 경계는 분명히 존재하지만 그 경계를 의식하지 않는 경지, 그래서 그의 풍모는 외유내강으로 나타나고 있으니 외유(外柔)와 내강(內剛)은 결코 하나로 뭉쳐진 개념이나 현상이 아니어서 다시 말하자면 외유는 내강(스스로 유연해지지 않으면 도달할 수 없는 경지)을 거치지 않으면 도달할 수 없는 것이며, 그렇기 때문에 외유(자신이 강하지 않으면 타자를 포용할 수 없는 경지)는 단순한 유약함으로 수식될 수 없다. 이런 외유내강의 시심은 출가와 가출이, 철학적 용어로 이야기한다면 양상론적 사유(어떤 현상을 어떤 방식으로 보느냐에 따라 인식의 결과가 달라진다)로 이행되어 자연스럽게 도가적 삶의 태도로 이어진다.

―나호열, 〈외유내강의 귀거래사〉 중에서

2. 장문으로 쓰인 박지원의 〈양반전〉을 단문으로 끊어서 다시 써 보자.

고문진보(古文眞寶), 당시품휘(唐詩品彙)를 깨알 같이 베껴 쓰되 한 줄에 백 자를 쓰며, 손에 돈을 만지지 말고, 쌀값을 묻지 말고, 더워도 버선을 벗지 말고, 밥을 먹을 때 맨 상투로 밥상에 앉지 말고, 국을 먼저 훌쩍 떠먹지 말고, 무엇을 후루룩 마시지 말고, 젓가락으로 방아를 찧지 말고, 생파를 먹지 말고, 막걸리를 들이켠 다음 수염을 쭈욱 빨지 말고, 담배를 피울 때 볼에 우물이 파이게 하지 말고, 화난다고 처를 두들기지 말고, 성내서 그릇을 내던지지 말고, 아이들에게 주먹질을 말고, 노복(奴僕)들을 야단쳐 죽이지 말고, 마소를 꾸짖되 그 판 주인까지 욕하지 말고, 아파도 무당을 부르지 말고, 제사 지낼 때 중을 청해다 제(齋)를 드리지 말고, 추워도 화로에 불을 쬐지 말고, 말할 때 이 사이로 침을 흘리지 말고, 소 잡는 일을 말고, 돈을 가지고 놀음을 말 것이다. 이와 같은 모든 품행이 양반에 어긋남이 있으면 이 증서를 가지고 관(官)에 나와서 변정할 것이다.

-박지원, 〈양반전〉 중에서

3. 다음 소재를 가지고 홑문장으로 된 글을 써 보자.

　　고등학생 : 철수는 고등학생이다.

　　팬클럽 :

　　개와 고양이 :

　　바람 :

　　끈 :

4. 홑문장 쓰기와 겹문장 쓰기를 연습해 보자.

| 홑문장 | (주어+서술어) | |
|---|---|---|
| 겹문장 | 안은문장 | (주어+[주어+서술어]+서술어) |
| | 이어진 문장 | (주어+서술어)+(주어+서술어) |

홑문장 만들기




겹문장 만들기

고수가 된다는 건 짧고 간결해진다는 거야. 그걸 정형화한 게 품이지. 운동에서도 품을 중요하게 여기는 이유가 바로 그거야.

# 13
# 최대한 구체적으로 쓰자

🧑 구체적으로 쓴다는 건 뭐죠?

👨 재석이 너는 대학 갈 때까지 어떻게 할 거니?

🧑 저는 대학 갈 때까지 최선을 다해 열심히 공부할 거예요. 그래야 좋은 대학에 갈 수 있으니까요.

👨 아주 훌륭한 각오야. 그러나 그 이야기는 전혀 설득력이 없어.

🧑 왜요?

👨 어떻게 공부하겠다는 구체적인 내용이 없잖니. 글도 마찬가지야. 구체적이지 않은 글은 많은 좋은 이야기를 하는 것 같지만 독자를 설득하거나 공감을 얻지 못해.

예를 들면 어떤 거죠?

 네가 공부를 어떤 방식으로 어떻게 열심히 하겠다고 구체적으로 드러내야 해. 예를 들어 이렇게 쓰면 어떨까?

나는 아침 6시에 일어나서 영어 공부를 한 시간씩 하겠다. 그러고 나서 학교에 가서 부족한 수학 공부를 하고 쉬는 시간 동안에도 놀지 않고 최소한 두 문제에서 세 문제의 수학 문제를 풀겠다.

이 문장을 보니까 어떠니? 열심히 공부하겠다, 최선을 다하겠다는 말 같은 건 필요 없지.

 그렇네요. 문장 안에 열심히 하겠다는 의지가 다 들어 있어요.

 그렇지. 바로 이거야. 글을 쓸 때는 구체적으로 묘사하고 설명해야 해. 자 아래 문장을 보자.

그는 아름다운 자연경관에 감탄했다.

어딘가 멋진 곳에 가서 감탄할 만한 경치를 본 것 같지만 그 감동이 우리에게는 전해지지 않지? 이렇게 써 보면 어떨까?

구름이 걷히며 구름 사이로 무지갯빛 햇살이 쏟아져 들어왔다. 햇살이 비치는 곳마다 풀과 나무들이 반짝였으며 강물은 평화롭게 흐르고 있었다. 물 위의 뱃사공들은 노를 저으며 아름다운 노래를 불렀다. 싱그러운 바람이 불어와 가슴을 훈훈하게 해 주니 당장 저 풍경 속으로 뛰어들고만 싶었다.

와, 눈앞에서 보는 것 같아요.

이게 바로 구체적으로 묘사하는 거야. 글을 쓸 때는 읽는 사람이 사물이나 상황을 인지할 수 있도록 구체적으로 묘사해 주어야 한단다. 막연하게 추상적이고 관념적으로 써서는 독자들이 공감할 수 없어. 아래의 문장들은 바로 그런 추상적이고 관념적인 문장들이지.

1. 통일을 위해 나는 최선을 다하겠다.
2. 나는 열심히 공부해 대학에 갈 것이다.
3. 부모님께 효도하는 아들이 되겠다.
4. 선생님 말씀을 잘 듣고 학교생활을 성실하게 하겠다.

이런 글들은 구체적이지 못하고 관념적이기 때문에 독자들을 전혀 설득할 수 없단다.

## 메밀꽃 필 무렵

여름장이란 애시당초에 글러서 해는 아직 중천에 있건만 장판은 벌써 쓸쓸하고 더운 햇발이 벌여놓은 전 휘장 밑으로 등줄기를 훅훅 볶는다. 마을 사람들은 거지반 돌아간 뒤요, 팔리지 못한 나무꾼 패가 길거리에 궁싯거리고들 있으나 석유병이나 받고 고기 마리나 사면 족할 이 축들을 바라고 언제까지든지 버티고 있을 법은 없다. 츱츱스럽게 날아드는 파리떼도 장난꾼 각다귀들도 귀찮다. 얼금뱅이요 왼손잡이인 드팀전의 허 생원은 기어코 동업의 조 선달을 나꾸어보았다.

"그만 걷을까?"

"잘 생각했네. 봉평장에서 한 번이나 흐붓하게 사본 일 있었을까. 내일 대화장에서나 한몫 벌어야겠네."

"오늘밤은 밤을 패서 걸어야 될걸."

"달이 뜨렸다."

절렁절렁 소리를 내며 조 선달이 그날 산 돈을 따지는 것을 보고 허 생원은 말뚝에서 넓은 휘장을 걷고 벌여놓았던 물건을 거두기 시작하였다. 무명필과 주단 바리가 두 고리짝에 꼭 찼다. 명석 위에는 천 조각이 어수선하게 남았다.

다른 축들도 벌써 거진 전들을 걷고 있었다. 약빠르게 떠나는 패도 있었다. 어물 장수도 땜장이도 엿장수도 생강장수도 꼴들이 보이지 않았다. 내일은 진부와 대화에 장이 선다. 축들은 그 어느 쪽으로든지 밤을 새우며 육칠십 리 밤길을 타박거리지 않으면 안 된다. 장판은 잔치 뒷마당같이 어수선하게 벌어지고 술집에서는 싸움이 터져 있었다. 주정꾼 욕지거리에 섞여 계집의 앙칼진 목소리가 찢어졌다. 장날 저녁은 정해놓고 계집의 고함 소리로 시작되는 것이다.

(중략)

"달밤이었으나 어떻게 해서 그렇게 됐는지 지금 생각해도 도무지 알 수는 없었다."

허 생원은 오늘밤도 또 그 이야기를 끄집어내려는 것이다. 조 선달은 친구가 된 이래 귀에 못이 박히도록 들어왔다. 그렇다고 싫증을 낼 수도 없었으나 허 생원은 시침을 떼고 되풀이할 대로는 되풀이하고야 말았다.

"달밤에는 그런 이야기가 격에 맞거든."

조 선달 편을 바라는 보았으나 물론 미안해서가 아니라 달빛에 감동하여서였다. 이지러는 졌으나 보름 가제 지난 달은 부드러운 빛을 흔붓이 흘리고 있다. 대화까지는 칠십 리의 밤길, 고개를 둘이나 넘고 개울을 하나 건너고 벌판과 산길을 걸어야 된다. 길은 지금 긴 산허리에 걸려 있다. 밤중을 지난 무렵인지 죽은 듯이 고요한 속에서 짐승 같은 달의 숨소리가 손에 잡힐 듯이 들리며 콩 포기와 옥수수 잎새가 한층 달에 푸르게 젖었다. 산허리는 온통 메밀밭이어서 피기 시작한 꽃이 소금을 뿌린 듯이 흐뭇한 달빛에 숨이 막혀 하였다. 붉은 대궁이 향기같이 애잔하고 나귀들의 걸음도 시원하다. 길이 좁은 까닭에 세 사람은 나귀를 타고 외줄로 늘어섰다. 방울 소리가 시원스럽게 딸랑딸랑 메밀밭께로 흘러간다. 앞장선 허 생원의 이야기 소리는 꽁무니에 선 동이에게는 확적히는 안 들렸으나 그는 그대로 개운한 제 멋에 적적하지는 않았다.

-이효석, 한국문학을 권하다 08《메밀꽃 필 무렵》, 애플북스

이효석의 〈메밀꽃 필 무렵〉(부분 인용)은 달밤의 메밀꽃밭을 배경으로 한 시적이고 서정적인 묘사로 오늘날까지 단편 문학의 백미로 자리매김하고 있다. 장려와 메밀밭에 대한 구체적인 묘사는 손에 잡힐 듯 생생해 독자들이 직접 경험한 것처럼 공감할 수 있다.

글쓰기 연습장　　　　　　　　년　　월　　일

1. 오늘 하루 동안 있었던 일을 구체적으로 적어 보자.

2. 최근에 나를 힘들게 했던 일이 있으면 그것에 대해 상담하듯 구체적으로 적어 보자.

3. 효도하는 방법에는 무엇이 있는지 구체적으로 적어 보자.

1. 밥 먹기 전에 감사 인사 꼭 하기
2.
3.
4.
5.
6.

4. 내가 바라는 5년 후 나의 모습을 구체적으로 적어 보자.

 고 박사의 대학교 때 별명이 구정욱이었어. 글만 쓰면 그게 구체적으로 뭐냐고 자꾸 묻는 통에 얻은 별명이야. 구체적인 글이야말로 영양가 있는 글이지.

## 14
# 단락 구분을 습관화해라

- 글을 쓰려고 하면 뭐부터 써야 할지 몰라 골치가 아파요.

- 음. 그건 너희들이 단락 구분을 잘 못 하기 때문이야.

- 단락 구분이 뭐에요? 쓰지도 않은 글을 어떻게 단락 구분 하나요?

- 히히히! 그렇지 않아. 글 쓸 때 단락을 구분할 때는 들여 쓰기를 하지? 그게 단락이야. 단락이란 건 무슨 뜻이냐? 하나의 중심 내용을 가진 문장 덩어리를 단락이라고 한 단다. 즉, 고향 집을 묘사하려 할 때 고향 집이 있는 동네를 먼저 설명해야겠지? 그 동네를 설명하고, 그다음엔 우리 집을 설명하고, 집에 가는 방법을 설명하고, 집 안에 있는 물건을 설명해 나가는 거지. 긴 글을 내용에 따라 나눠 하나하나의 짧은 이야기 토막으로 만들면 단락이 되

는 거야.

 글 쓰는 것도 힘든데 언제 그런 것까지 구분해요?

 다음과 같을 때 단락 구분을 하면 좋지.

    1. 시점이 바뀔 때
    2. 시간이 바뀔 때
    3. 화자가 바뀔 때
    4. 대화체일 때

이렇게 단락 구분을 하면 독자들은 글쓴이의 의도대로 글을 읽을 수 있게 된단다.

 단락 구분이 그렇게 중요한 건 줄 몰랐어요.

 책을 읽을 때도 단락 구분된 것을 유념해서 읽으면 필자가 하려는 말이 어떤 순서로 이어져 있는지 알 수 있단다.

 국어 시간에 단락 구분, 단락 구분 했던 것이 바로 이것 때문이네요.

 맞아 글쓰기도 마찬가지야. 단락 구분만 제대로 해도 내가 쓴 글이 어디가 문제인지를 바로 파악할 수 있고, 필요한 단락을 더 집어넣을 수도 있고 빼 버릴 수도 있단다. 물론 순서를 바꿀 수도 있어. 따라서 단락 구분을 잘하면 좋은 글이 될 수 있어.

## 허생전

　서울 남산 밑 묵적골이라고 하면, 가난하고 명색 없는 양반 나부랭이와 궁하고 불우한 선비와 이런 사람들만 모여 살기로 예로부터 이름난 동네였다.

　집이라는 것은 열이면 열 다 쓰러져가는 오막살이 초가집이 몇 해씩을 이엉을 덮지 못하여 지붕은 움푹움푹 골이 패이고, 비가 오면 철철 들이 새고 하였다. 서까래는 볼썽 없이 드러나고, 벽은 무너지고 중방은 헐어지고 하였다.

　사는 집이 그렇게 볼썽없는 것처럼, 사람들의 의표도 또한 궁기가 꾀죄죄 흘렀다. 갓은 파립이요, 옷은 웃옷 속옷 할 것 없이 조각보를 새기듯 기움질을 하였다. 여름에 가을살이를 입고, 겨울에 베옷을 입기가 예사였다. 신발은 진날이나 마른날이나 나막신이었다. 남산골 샌님에 나막신은 붙은 문자였다.

　어느 집 할 것 없이 굶기를 먹듯 하였다. 하루 세 때는 고사하고, 하루 한 때씩이라도 거르지 아니하고 굴뚝에서 연기가 오르는 집은, 일부러 찾고자 하여도 없었다.

　그렇게 궁하게들 살면서 하는 일이 무엇이냐 하면, 명색 없는 양반 나부랭이는 헤엠 긴 기침이나 하고, 세도재상 찾아다니면서 벼슬날이나 시켜달라고 조르기가 일이요, 선비들은 밤이나 낮이나 글을 읽으면서 과거나 보아 장원을 하여서 발신할 세월을 기다리는 것이 일이요 하였다.

허생도 이 묵적골의 쓰러져가는 오막살이 초가집에서 끼니가 간데없고 주린 배를 허리띠 졸라매어 가며, 밤이나 낮이나 글을 읽기로 일을 삼고 사는 궁한 선비의 한 사람이었다. 궁한 것으로는 오히려 다른 사람보다 더할지언정 나을 것은 없는 처지였다.

부엌 한 칸, 방 한 칸의 오막살이하고도 지지리 근천스런 오막살이이고 보매, 방은 안방이자 겸하여 허생이 글도 읽고, 십년일득으로 찾아오는 손님을 맞아들이는 사랑방이기도 하여야 하였다.

허생이 글을 읽고 있는 옆으로 넌지시 비켜앉아, 부인 고 씨는 헌 누더기 옷을 깁고 있다.

남편 허생과 달라, 부인 고 씨는 얼굴에 시장함을 못 견디어 하는 빛이 완구히 드러나고, 자주 바느질 손을 멈추고는 한숨을 내어 쉬곤 한다. 그럴 적마다 남편 허생의 옆얼굴을, 심정 편안치 못한 눈으로 건너다보고 건너다보고 한다.

얼마를 그러다가 고 씨 부인은 마침내
"여보?"
하고 남편을 부른다.

허생은 부르는 소리를 들었는지 못 들었는지 그대로 글만 읽는다. 글을 읽고 있는데, 옆에서 부인이든 누구든 불러서, 첫마디에 대답을 하는 법이 허생은 없었다.

"여보?"

두 번째 부르는 부인의 음성은 약간 높기도 하였거니와 적이 성화스럽기까지 하였다.

그래도 허생은 못 들은 성
"글쎄, 여보?"

더 높고 더 성화스런 음성으로 세 번째 부르면서, 그럴 뿐만 아니라 바느질 꾸리를 거칠게 밀어젖히면서, 한 무릎 남편에게로 다가앉아서야 허생은 비로소 글 읽기를 그치고 천천히 부인에게로 얼굴을 돌린다.

-채만식, 한국문학을 권하다 06《태평천하》, 애플북스

채만식의 〈허생전〉(부분 인용) 도입 부분이다. 배경 묘사, 인물 묘사, 대화 등에서 독자들이 이해하기 쉽게 단락을 구분해 썼다. 특히 배경을 묘사하면서 동네, 집, 의복, 먹거리 등 내용에 따라 단락을 나눴다.

1. 아래의 글을 단락 구분 표시( / )로 끊어 보자.

　　때는 바야흐로 외모의 시대입니다. 제가 워낙 사람들을 예쁘게 보는 버릇이 있어서인지 잘 모르겠지만 요즘 길거리를 다니다 보면 온통 미남 미녀들 물결입니다. 어쩌면 그렇게들 예쁘게 생겼는지 모를 지경입니다. 오똑한 코에 큰 눈, 강한 개성 그리고 서구적인 몸매에 자유분방한 태도, 고급 의상 등 기본적으로 예쁜 사람들이 많아졌다는 게 제 생각이라면 지나친 것일까요? 별로 예쁘지 않다고 하더라도 자신의 개성을 살리는 사람들도 많습니다. 분위기가 있거나 화장을 짙게 하거나 독특한 의상이나 나만의 연출로 자신의 개성을 살리는 사람도 많습니다. 세상은 온통 미남 미녀와 개성 있는 용모뿐입니다. 사회가 전반적으로 그런 분위기니까 모든 가치 기준도 그렇게 따라갈 수밖에 없게 되나 봅니다. 사람을 평가하는 여러 요인 가운데 겉으로 드러나는 외양만이 우선시 되어 버린 것입니다. 유행가 가사 가운데는 뚱뚱하고 못생긴 사람은 미팅에서 만나도 재수 없는 머피의 법칙에 들어가는 기피 대상입니다. 이제다 예쁜 상대가 자신의 파트너가 되어야 기분 좋고 재수가 좋은 것입니다. 세상이 그렇게 돌아가니 결혼 적령기의 여성들은 비싼 돈을 들여 자신의 외모를 가꾸고 성형수술 또한 마다치 않습니다. 남자들도 직장에 들어가려면 좋은 인상을 주기 위해 얼굴을 고치고 인상을 좋게 해야 한다고 합니다. 그뿐만 아닙니다. 비싼 옷에 비싼 구두, 고급 핸드백, 유명 상표의 제품을 사용해야 그 사람의 지위나 품격이 그 상표로 인해 높이 평가되는 것입니다. 속이야 어떻건 겉보기에 외모만 화려하면 그 속도 외모처럼 괜찮을 거라는 세태를 반영하고 있는 증거인지 겉모양이 화려한 차, 내용이야 어떻든 포장과 외양이 고급스러워 보이는 상품이 잘 팔리고 좋은 상품으로 인정받습니다. 그러다 보니 일상생활에서 오늘 참으로 속 깊은 사람을 만났다는 이야기는 어딜 가도 들을 수 없게 되었습니다. 반면에 오늘 참 예쁜 여자를 만났다거나 멋쟁이를 보았다는 얘기는 심심찮게 들을 수 있습니다. 서양 속담에 아름다움은 그저 한 꺼풀 벗기면 없어지는 것이라는 말이 있습니다. 인간의 삶은 영혼의 가치와 영혼의 고결함이 중심이 되어야 합니다. 보이지 않고 잘 드러나지 않는 것이라고 가치 없는 것은 아닙니다. 그것 또한 분명히 가치 있는 것이고 그렇기에 잘 가꾸고 다듬기가 어려운 것입니다. 비싼 양복을 입고 말끔하게 외모를 가꾸면 신사는 될 수 있을지언정 진정한 의미의 인격자는 되지 못하는 것과 마찬가지입니다.

2. 친구들과 장난치다 누가 다치거나 생각지도 않았던 일이 발생한 경험을 토대로 다섯 단락짜리 글을 쓴다면 어떤 내용으로 완성할지 적어 보자.

1단락 :

2단락 :

3단락 :

4단락 :

5단락 :

3. 기승전결은 단락 구분을 하는 데 있어 가장 전통적인 방식이다. 이 방식에 맞춰 탐정소설을 쓴다면 각 단락에 어떤 내용을 쓸지 적어 보자.

기:

승:

전:

결:

4. 발단 전개 위기 절정 대단원의 소설 구성 방식은 짧은 글에도 적용할 수 있다. 최근에 겪은 재미있는 일을 이 단계에 맞춰 구성해 보자.

발단:

전개:

위기:

절정:

대단원:

단락을 잘 구분해야 짜임새 있는 글이 돼. 물론 특별한 효과를 노려 단락 구분 없이 글을 이어 쓰는 사람도 있지. 그렇지만 작가의 치밀한 계산에 의한 작법이 아니라면 오히려 독자에게 불편함만 줄 뿐이야, 어설픈 효과는 의미 없는 겉멋일 뿐이지.

*15*

# 자료 조사를
# 충분히 하고 쓰자

🙋 박사님, 학교에서 지구 환경 보존을 위한 글을 써 오라고 숙제를 내줬는데 무엇을 써야 할지 모르겠어요. 일회용품 사용 줄이기부터 시작해서 전기를 아끼고 에너지를 절약하는 것, 뭐 이런 것밖에 생각이 안 나요.

👨‍🏫 음 그렇구나. 그건 바로 소재가 풍부하지 않아서야. 좋은 글을 쓰려면 글의 소재가 많아야 돼. 소재를 얻기 위해서는 무엇이 필요하지?

🙋 독서요.

👨‍🏫 자료 수집이요.

👨‍🏫 맞아. 글의 소재를 모을 때 그 자료는 책에서 얻을 수도 있고, 텔레비전에서 본 것일 수도 있고, 신문 잡지에서 읽

은 것일 수도 있고, 인터뷰 같은 것을 통해서도 얻을 수 있어. 이렇게 글감을 모은 후 그중 가장 좋은 것만을 추리면 내용을 풍성하고 알차게 구성할 수 있단다. 아래의 글을 한번 볼까?

나는 학생들이 자유롭게 성장해야 하기 때문에 학생들이 교복을 입지 않았으면 좋겠다.

이런 문장은 내용이 풍부한 글이 아니야. 나라면 이렇게 고쳐 쓸 거야.

1. 전 세계에서 교복을 입는 나라는 많지 않다.
2. 교복은 학생들을 쉽게 인솔하고 지도 감독하려는 방편이다.
3. 학생들을 지도하고 인솔하는 것은 어디까지나 교사들의 통제 수단이다.
4. 교육은 다양한 가능성을 제시하고 학생들의 무한하고 다양한 소질 계발을 위한 것이다.
5. 교복이나 정해진 틀로 규제한다면 인솔과 통솔은 가능할지 모르지만 학생들의 자유로운 상상력이나 창의력은 상대적으로 줄어들 수밖에 없다.
6. 교복을 입지 않는 미국 같은 경우 창의적인 아이디어를 낸 벤처 강대국이 될 수 있었던 것은 그들의 자유로운 발상 때문이었다.

이런 자료를 바탕으로 글을 쓰면 내용이 훨씬 풍성해지겠지.

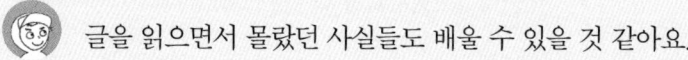
글을 읽으면서 몰랐던 사실들도 배울 수 있을 것 같아요.

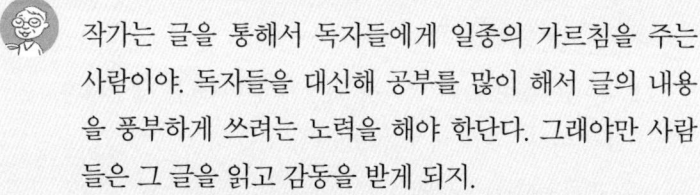
작가는 글을 통해서 독자들에게 일종의 가르침을 주는 사람이야. 독자들을 대신해 공부를 많이 해서 글의 내용을 풍부하게 쓰려는 노력을 해야 한단다. 그래야만 사람들은 그 글을 읽고 감동을 받게 되지.

## 까칠한 재석이가 열받았다

"내가 우리 학교 학칙을 이번에 처음으로 유심히 살펴봤거든. 어쩌면 은지가 복학할 수 있는 방법을 찾을 수 있을지도 모르겠어."

보담이는 출력해 온 학칙을 가방에서 꺼냈다. '금안여자고등학교 학칙'이라는 제목이 달려 있었다.

"문제는 38조야."

학교장은 교육상 필요하다고 인정할 때에는 학생에 대하여 다음 각 호의 징계를 할 수 있다. 이 경우 학교장은 학생 또는 학부모 등 보호자에게 의견 진술의 기회를 부여하여야 한다.

① 학교 내의 봉사
② 사회봉사
③ 특별 교육 이수
④ 퇴학 처분

"은지가 징계 가운데 가장 센 걸 받았구나."

"그렇지. 그런데 우리가 문제 삼을 수 있는 부분은 의견 진술의 기회를 주었느냐, 이거거든. 은지는 그냥 담임선생님이 무조건 자퇴하라고만 했대. 그러니까 이게 잘못된 거지. 퇴학처분을 받을 만한 사항인지 확실하게 따져 봐야 하거든."
보담은 바로 퇴학 처분의 항목이 있는 39조를 보여 주었다.

1. 학생이 다음 각 호에 해당할 때에는 퇴학 처분을 명할 수 있다. 이 경우 학교장은 퇴학 처분을 하기 전에 일정 기간 동안 가정학습을 하게 할 수 있다.
① 품행이 불량하여 개선의 가망이 없다고 인정된 자
② 정당한 이유 없이 결석이 잦은 자
③ 기타 학칙을 위반한 자
2. 학교장이 퇴학 처분을 할 때에는 당해 학생 및 보호자와 진로 상담을 하고 지역사회와 협력하여 다른 학교 또는 직업교육훈련기관 등을 알선하는 데 노력하여야 한다.

"은지가 품행이 불량하다는 거에 걸린 것 같아. 그런데 도대체 품행 불량이 뭐야? 그건 판단하기 나름 아니야? 임신이 품행 불량이라는 건데, 그건 말도 안 돼. 학칙에 정확하게 임신하면 안 된다는 규정이 있는 것도 아니잖아."
보담이 흥분하자 재석이 물었다.
"야, 그러면 모든 잘못을 다 적어 놔야 하는 거냐?"
"죄형법정주의라는 게 있어. 어떤 행위가 범죄로 성립되는지, 그 범죄에 대해 어떤 형벌을 줄 것인지는 법률에 의해서만 정할 수 있다는 원칙이야.

"야, 너무 어려워."

"벌을 주는 사람이 코에 걸면 코걸이, 귀에 걸면 귀걸이 식으로 마음대로 하지 못하게 하는 거야. 그렇게 보면 은지의 경우는 애매하지."

"어른들에게 어떻게 대들려고?"

"우리가 선생들을 이길 수나 있겠냐?"

"그래서 내가 다른 조항을 찾아봤어. 애매한 건 우리도 애매하게 걸고넘어지면 돼."

-고정욱, 《까칠한 재석이가 열받았다》, 애플북스

까칠한 재석이 세 번째 이야기 《까칠한 재석이가 열받았다》(부분 인용)를 기획하던 중 청소년들과 가장 관련 있는 문제인 퇴학 처분과 재입학 규정에 관한 자료를 조사하게 되었다. 일반 고등학교의 학칙, 외국의 미혼모 사례를 담은 기사 등 풍부한 자료 조사를 통해 리얼리티가 살아 있는 청소년 소설을 완성할 수 있었다.

# 글쓰기 연습장     년   월   일

1. 글감을 풍부하게 해 줄 에피소드, 지식, 정보 등을 모아 보자. 좋은 글을 쓰기 위해서는 꼭 필요한 작업이다.

| 왕따 | 검정고시 |
|---|---|
| 집단 따돌림, 집단 괴롭힘, 여고생 투신자살 사건, 왕따 사례집 《양따의 왕따일기》, 왕따 극복 방법, 왕따 예방 프로그램 등. | |

| 가수의 꿈 | |
|---|---|
| | |

| | |
|---|---|
| | |

2. 모아 놓은 글감 가운데 가장 매력적인 것을 하나 골라 짧은 글을 써 보자.

3. 우리 학교 학칙을 조사해 보고 요즘 학생들의 정서에 안 맞는 규정이라고 생각되는 학칙을 골라 문제를 지적하는 글을 써 보자.

4. 다산 정약용은 500권이나 되는 책을 발간했는데 그렇게 많은 책을 집필할 수 있었던 비밀은 어디에 있었는지 자료를 조사해 보자.

5. 세종대왕이 한글을 창제한 목적은 백성을 어여삐 여긴 것 말고 또 뭐가 있는지 자료를 조사해 알아보자.

 자료가 중요하다고 해서 죽어라 자료만 모으는 작가들이 가끔 있더라고. 그런데 문제는 자료가 글을 써 주진 않는다는 거야. 자료가 적당히 모였으면 너의 목소리를 들려줘.

# 16
# 설명과 묘사를
# 적절히 섞어서 쓰자

🙂 박사님, 설명은 뭐고 묘사는 뭐에요?

👨‍🦳 설명은 어떤 대상이나 개념을 독자에게 전달할 때 알기 쉽게 밝혀 말하는 전달 방식이야. 예를 들면 어떤 신제품을 사용하는 법을 알려주려면 그 기능에 대해 자세하게 설명해 줘야 하니까 과장이나 강조, 기교 같은 건 빼야겠지.

🙂 그래서 제품 설명서에 쓰인 글은 아주 건조하군요.

👨‍🦳 맞아. 사실 전달에만 중점을 뒀기 때문이지.

🙂 그럼 묘사는요?

👨‍🦳 묘사는 어떤 대상이나 사물, 현상을 그림을 그리듯이 표현하는 것이야. 그래서 묘사를 잘한 문장을 읽으면 눈앞

에서 그 사물을 직접 본 것처럼 느낄 수 있지. 예를 들어 설명은 이런 거란다.

그의 집안은 대대로 부자였다. 그래서 그는 부유하게 살았다.

내가 그의 집에 가서 그가 부유하게 산다는 걸 목격하고 너희들에게 그 사실을 전달한 거야. 그런데 이렇게 묘사하면 어떨까.

그는 아침마다 자가용 승용차를 타고 학교에 왔다. 새까만 세단에서 기사가 내려 문을 열어 주면 그는 창백한 얼굴로 차에서 내렸다. 교문에 들어설 때까지 운전기사는 허리를 90도로 굽히며 그에게 예의를 표했다. 신고 있는 신발은 명품이었고 어깨에 메고 있는 가방도 고급 천연 가죽으로 된 거였다. 하지만 그의 처진 눈썹, 땅바닥만 바라보는 시선은 그가 자신이 물고 태어난 금수저와는 전혀 상관없이 행복하지 않음을 드러내고 있었다.

 와! 만화 속 주인공 같아요.

 그런데 이런 묘사만 계속 이어지면 어떨까? 지겹겠지! 설명만 이어져도 지겹고 묘사만 계속 되도 지루해지지. 그래서 설명과 묘사를 적당하게 섞어 써 줘야 한단다. 배경을 독자들에게 알리고 싶을 때는 묘사를 하는 게 좋아. 하지만 시간의 흐름이나 생략 가능한 부분들은 설명으로 처리하는 것이 좋지. 물론 이것도 글 쓰는 사람의 취향에 따라 천차만별이긴 하단다. 설명 위주의 글을 쓰는 걸 좋아하는 사람도 있고 묘사 위주의 글을 좋아하는 사람도 있지. 중요한 건 필요할 때 적절하게 섞어 쓸 줄 알아야 한다는 거야.

**Reading Text**
글쓰기 예문

## 봄봄 📖

내가 여기에 와서 돈 한푼 안 받고 일하기를 삼 년하고 꼬박이 일곱 달 동안을 했다. 그런데도 미처 못 자랐다니까 이 키는 언제야 자라는 겐지 짜증 영문 모른다. 일을 좀 더 잘해야 한다든지 혹은 밥을 (많이 먹는다고 노상 걱정이니까) 좀 덜 먹어야 한다든지 하면 나도 얼마든지 할 말이 많다. 허지만 점순이가 안죽 어리니까 더 자라야 한다는 여기에는 어쩨볼 수 없이 그만 벙벙하고 만다.

이래서 나는 애춰 계약이 잘못된 걸 알았다. 이태면 이태, 삼년이면 삼 년, 기한을 딱 작정하고 일을 해야 원 할 것이다. 덮어놓고 딸이 자라는 대로 성례를 시켜주마, 했으니 누가 늘 지키고 섰는 것도 아니고 그 키가 언제 자라는지 알 수 있는가. 그리고 난 사람의 키가 무럭무럭 자라는 줄만 알았지 붙배기 키에 모로만 벌어지는 몸도 있는 것을 누가 알았으랴. 때가 되면 장인님이 어련하랴 싶어서 군소리 없이 꾸벅꾸벅 일만 해왔다.

(중략)

점순이는 뭐 그리 썩 이쁜 계집애는 못 된다. 그렇다고 또 개떡이냐 하면 그런 것도 아니고 꼭 내 아내가 돼야 할 만치 그저 톱톱하게 생긴 얼굴이다. 나보다 십 년이 아래니까 올에 열여섯인데 몸은 남보다 두 살이나 덜 자랐다. 남은 잘도 헌칠히들 크건만 이

건 위아래가 몽툭한 것이 내 눈에는 헐없이 감참외 같다. 참외 중에는 감참외가 제일 맛 좋고 예쁘니까 말이다. 둥글고 커단 눈은 서글서글하니 좋고 좀 지쳐 찢어졌지만 입은 밥술이나 혹혹히 먹음직하니 좋다. 아따 밥만 많이 먹게 되면 팔자는 고만 아니냐. 헌데 한 가지 파가 있다면 가끔가다 몸이 (장인님은 이걸 채신이 없이 들까분다고 하지만) 너무 빨리빨리 논다. 그래서 밥을 나르다가 때없이 풀밭에다 깨빡을 쳐서 흙투성이 밥을 곧잘 먹인다. 안 먹으면 무안해할까 봐서 이걸 씹고 앉았노라면 으적으적 소리만 나고 돌을 먹는 겐지 밥을 먹는 겐지—.

-김유정, 한국문학을 권하다 09 《봄봄》, 애플북스

김유정의 〈봄봄〉(부분 인용)은 서술과 묘사가 적절하게 어우러진 작품이다. 좋은 글은 묘사, 서술, 대화가 일정하게 반복되어 있다. 이야기를 이어가는 서술, 독자에게 생생한 현실감을 느낄 수 있게 하는 묘사, 등장인물들의 말을 통하여 그들에게 생명을 불어넣는 대화의 적절한 조화가 좋은 글을 만든다.

글쓰기 연습장 　　　　　　　　　　　년　　월　　일

1. 아래의 상황을 묘사해 보자.

　　화장실 변기의 물 내려가는 모습

　　개가 사료를 먹는 장면

　　버스를 타고 올라가 자리에 앉는 과정

2. 아래의 단어를 설명해 보자.

　　학원과 학교

　　웹툰

　　축구

　　그리고 특별히 잘 아는 분야나 관심 있는 것을 하나 정해서 간략하게 설명하는 글을 써 보자.


3. 설명과 묘사를 이용해 거울에 비친 내 모습에 대해 써 보자.

4. 설명과 묘사를 이용해 식물, 동물, 곤충 중 하나를 골라 관찰기록문을 써 보자.

묘사의 절정은 로맨스 소설이지. 첫눈에 반한 상대를 자세히 표현하려면 묘사를 극대화해야 하거든. 연애편지를 잘 쓰려면 묘사력을 키우도록~ 야옹!

마무리 글

내가 10여 년간 작업실로 썼던 사무실은 사회복지기관인 정립회관에 있었다. 장애인들의 편의를 위해 새로 엘리베이터를 설치하면서부터 이 건물에는 약간의 문제가 발생했다. 비장애인들이 자꾸 엘리베이터를 이용하면서 정작 필요한 사람들이 제때 제대로 활용하지 못해 불만의 목소리가 여기저기서 들리기 시작한 것이다. 그러던 어느 날 엘리베이터 안쪽에 살벌하게 다음과 같은 경고문이 붙었다.

'비장애인 사용 금지!!!'

이걸 본 나는 다른 표현으로 사람들의 마음을 움직일 수는 없을까 생각했다. 그래서 관장님에게 말했다.
"저렇게 격하게 표현하면 괜히 비장애인들이 장애인에 대해 반감만 갖게 합니다."
"그럼 어떻게 하면 좋을까요?"
"제가 한번 고쳐 보지요."

나는 다음날 아래와 같은 문구를 엘리베이터에 붙였다.

'걸어서 몇 층이건 다닐 수 있는 건 지체장애인들이 평생 꿈꿔도 이룰 수 없는 행복입니다.'

이 문구를 붙인 이후 정말 놀라운 일이 벌어졌다. 비장애인들이 엘리베이터를 이용하는 횟수가 현저하게 줄어든 것이다.

글의 힘이란 바로 이런 것이다. 같은 말이라도 의견을 어떻게 전달하느냐에 따라 그 효과는 엄청나게 차이가 난다. 따라서 수십, 수백 가지 다르게 표현할 수 있는 능력은 매우 중요하다.

한 줄 문장으로 적장을 말 위에서 떨어뜨린 최치원, "자유가 아니면 죽음을 달라"는 한 줄의 글로 미국 역사를 바꾼 패트릭 헨리 등의 이야기만 봐도 펜은 정녕 칼보다 강하며 삶도 한순간에 바꿀 수 있다.

이 책이 여러분의 삶과 글쓰기 습관을 바꿔 줄 수 있길 바란다. 거듭 이야기하지만 쉬운 글, 간단명료한 문장, 그리고 독자를 배려하는 표현, 분명한 메시지만이 그런 힘을 발휘할 수 있음을 잊지 말고 오늘부터 매일 조금씩이라도 꾸준히 글을 쓰자. 강한 사람이 되기 위해. 내 인생을 바꾸기 위해.

글쓰기를 게을리하지 않는 그대들과 글동산 정상에서 만날 수 있기를 바란다.

고정욱

고 박사님께서 여러분들이 보내 준 수많은 글 가운데 첨삭 지도가 가능한 글을 몇 편 골라 수정해 보았습니다. 학생 개인의 프라이버시를 위해 이름은 생략했으며 응모해 준 학생들의 이름은 맨 뒤에 실어 감사의 뜻을 표했습니다.(편집자)

# 글쓰기
# 첨삭 지도

읽은 책: 샬롯의 거미줄

지은이: 엘윈 브룩스 화이트

윌버 같이 허약한 무녀리, 신체적으로 혹은 정신적으로 부족한 장애인, 우리는 이들이 뭐든지 해낼 수 없다는 편견을 가지고 있다. 우리의 안 좋은 시선과 잘못된 편견으로 펀의 아버지처럼 한 생명체의 삶을 파괴할 뻔 하거나 파괴할 수도 있다. 하지만 우리가 응원해주고 곁에서 지켜봐준다면 언제든지 이들의 삶은 고통된 삶에서 성공된 삶, 행복한 삶으로 바뀔 수 있다.

이 이야기는 펀의 아버지가 윌버라는 무녀리 돼지를 죽이려고 했으나 펀이 그 일에 반대하고 죽이면 안 된다고 열심히 아버지를 설득하는 것으로 시작된다. 펀은 죽을 뻔 했던 무녀리 윌버를 살리고 윌버를 키우다. 윌버가 크자, 그는 펀의 삼촌 마당으로 옮겨진다. 윌버는 그곳에서 샬롯이라는 거미 친구를 만난다. 윌버는 샬롯이 거미줄에 '근사한 돼지, 눈부신 돼지' 등의 말을 써놓는 덕분에 햄이 될 뻔 한 목숨을 건지고 품평회장에서 1등을 한다. 하지만 샬롯은 결국 아이를 낳고 죽고 그 아기 거미들 중 셋이 남아서 윌버의 친구가 된다.

월버는 비록 작고 허약한 무녀리의 삶을 살았지만 주위의 도움으로 목숨을 건지고 성공된 삶을 산다. 주위의 도움 중에는 월버를 위해 희생을 한 샬롯의 도움도 있다. 우리도 샬롯처럼 누군가를 위해 도움을 주는 것은 어떨까? 한 고아를 위해 봉사하는 것도 좋은 방법이고, 반려동물을 돌보아 주는 것 역시 좋은 방법이다. 물론 샬롯처럼 희생을 하면서까지 남을 도와주자는 말은 아니다. 내 말은 샬롯처럼 희생을 하자는 말이 아니라 누군가를 위해 도움을 주어서 그 사람의 삶을 좀 더 좋은 쪽으로 이끌어주자는 것이다. 나를 통해 한 사람의 삶이 달라진다는 것이 얼마나 기쁜 일이겠는가… 난 앞으로 봉사를 열심히 해서 조금이나마 다른 사람의 삶을 바꾸어 주려고 노력해야겠다.

봉사를 함으로써 다른 이들의 삶이 어떻게 바뀌는지, 나의 삶에는 어떤 변화가 있을지도 생각해 보세요. 또 이 책을 통해 희생과 봉사가 어떻게 다른지 생각해 볼 수 있는 계기가 되었으면 좋겠네요.

## 먹거리 여행

"아빠 우리 여행가요!"

"안돼, 오늘은 집에서 쉴거야."

"엄마는 운전 못 한단 말이에요~."

내가 계속 조르니 결국 아빠도 어쩔 수 없이 승낙하셨다. 나는 색다른 즐거움과 스릴, 재미를 느낄 수 있는 방탈출 카페에 가자 그랬고 부모님은 가깝고 먹거리도 많은 속초에 가자 그러셨다.

계속 우길까 하는 생각도 들었지만 오늘이 어버이날이기도 하니까 내가 부모님 의견에 따르기로 하였다.

속초로 가는 중에 회, 물회, 킹크랩 중 먹자는 얘기가 나왔는데 가면서 의논한 끝에 킹크랩을 먹기로 결정하였다.

속초에 도착하니 벌써 1시 30분이였다. 점심시간이 지난데다 아침도 조금만 먹고 와서 배가 매우 고팠다.

늦은 점심이라 그런지 많이 먹을 수 있을 것이란 생각이 들었다.

하지만 그건 큰 오산이였다.

속이 꽉 차있는 킹크랩에다가 대게 비빔밥, 대게 라면

까지 먹고 나니 진짜 배가 터지는 줄 알았다.

그래서 바닷구경도 할 겸 소화도 시킬 겸 바닷가를 걸었다. (바다 구경)

그때, 내 눈에 솜사탕을 파는 아저씨가 내 눈에 들어왔다. (보였다.) 나는 끝내 솜사탕의 유혹을 이겨내지 못하였다.

배가 부른 상태라 더 이상 들어갈 곳이 없는 (없을) 줄 알았는데 솜사탕이 들어갈 공간이 남아있어서 놀랐다. 나의 한계는 어디까지 인지 궁금하였다.

어쨌든 오랜만에 온 가족여행이고 앞으로는 아빠 일 때문에 당분간은 못 갈 것 같으니 오늘의 추억을 머릿속에 잘 새겨놔야 겠다.

여행에서 무엇을 보고 느꼈는지 설명과 묘사를 적절하게 섞어서 글을 써 준다면 더 재미있는 글이 되겠죠. 또 엄마가 운전을 잘 못 했던 상황이나, '방탈출 카페'가 무엇인지 자세하게 설명해 주고, 킹크랩을 먹는 장면이나 솜사탕을 사 먹는 장면을 현미경으로 묘사해 주면 더 좋은 글이 될 수 있습니다.

## 경험과 자신만의 방법

안녕하십니까? 저는 ○○○ 이라고 합니다. 요즘 자신의 꿈을 찾지 못하는 청소년들이 많아지고 있습니다. 그래서 저는 오늘 경험과 자신만의 방법에 대하여 이야기 하려 합니다. 먼저 저의 경우에는 역사와 글쓰기를 좋아합니다. 그래서 저는 커서 가야를 연구하는 역사학자와 자신만의 특별한 방법으로 이야기를 풀어나가는 작가가 되고 싶습니다. 또한, 저의 꿈은 글로써 세상을 변화시키는 사람이 되는 것입니다. 그리고 한국 최초로 노벨문학상을 받는 것도 저의 많은 꿈 중에 하나입니다.

방금 이야기 했듯이 저는 역사를 좋아합니다. 제가 역사를 좋아하게 된 이유는 바로 경험인 것 같습니다. 경험은 굉장히 중요합니다. 경험을 하면 할수록 생각의 폭이 넓어지고 할 수 있는 것이 많아지기 때문입니다. 경험을 통해 자신의 재능 또한 찾을 수 있습니다. 경험은 할 수 있는 방법은 다양합니다. 자신이 직접 발로 뛰고 몸을 움직여서 하는 경험과 책이나 다른 매체를 통해서 하는 경험 등 직접경험이나 간접경험 등 할 수 있는 방법이 많은 것입니다. 우리가 일상에서 겪는 많은 일도 경험이라 할 수 있습니다.

이러한 경험들을 통해 우리는 성장해 갑니다. 경험을 하면 할수록 더욱 성장하게 됩니다. 저의 경우에는 직접경험을 많이 하였습니다. 저는 어릴 때부터 여행을 많이 하였고, 박물관에도 자주 갔습니다. 물론 어렸을 때는 체험을 좋아하였지만 커갈수록 유물을 보는 것, 작품을 보는 것이 즐거워 졌습니다. 또, 여행도 많이 데려가 주셔서 글 소재도 많아지고 생각과 느낌도 풍부해 졌습니다. 하지만 직접경험이 힘들다면 간접 경험도 좋습니다. 책을 통해 하는 경험도 즐겁고, 생각의 폭을 넓힐 수 있기 때문입니다. 직접경험과 같은 효과를 받을 수 있는 것입니다. 이러한 여러 경험들을 통해 저는 제가 하고 싶은 것, 그리고 저의 꿈을 찾는 계기가 되었습니다. 경험을 많이 한다면 여러분도 여러분이 하고 싶은 것, 꿈을 찾는 계기가 될 것입니다.

이제 경험을 했다면 자신만의 방법을 찾는 것도 굉장히 중요합니다. 자신만이 할 수 있는 것, 내가 좋아하는 것을 말입니다. 저는 글을 쓰거나 역사를 공부할 때 즐겁습니다. 저의 경우에는 하고 싶은 이야기를 글로 씁니다. 저는 말을 조리 있게 못하기 때문에 글로 저의 생각을 표현합니다. 글을 쓰다보면 어느새 제 이야기를 편안하게 늘어놓고 있습니다. 예를 들면 부모님과 약간의 마찰이 있을 때 글로 그 이야기를 쓰다보면 이런 저런 이야기를 늘어놓다가 풀리게 되는 것처럼 말이죠. 역사를 공부할 때는 펜으로 공부한 내용을 공책에 빽빽하게 적어놓고 나중에 보면 정말 뿌듯합니다. 힘들긴 하지만 하고 난 후에 보면 정말 행복합니다. 이렇게 자신이 좋아하는 것을 나만의 방법대로 풀어 나가다 보면 뿌듯함과 동시에 노력의 결실을 맺을 수 있을 것이라고 저는 생각합니다.

저는 이 세상 사람들 모두에게 보석이 하나 씩 있다고 생각합니다. 보석이 광산에 묻혀 있을 때 바로 그 가치를 인정받는 것이 아닙니다. 원석을 캐고 보석만 걸러내고 가공하고 갈고 닦아서 비로소 세상에 나와 인정을 받는 것처럼 사람들에게도 재능이라는 보석이 있습니다. 하지만 이 보석이 빛을 바라게 되는 것과 원석인 상태로 머무는 것은 사람에 따라 다릅니다. 어떤 사람은 이 보석을 갈고 닦아 그 가치를 인정받게 되고 또, 어떤 사람은 어떤 보석이 자신에게 있는지도 모르고 사는 사람도 있습니다. 저는 저와 여러분들이 보석의 가치를 인정받는 멋진 사람이 되길 바라며 이상 마치겠습니다. 감사합니다.

> 글의 주제가 모호하고 장황합니다. 역사면 역사, 글쓰기면 글쓰기 한 가지 주제만을 선택해서 구체적인 에피소드나 공부 방법을 자세하게 설명했다면 자신이 생각하고 있는 점이나 앞으로의 계획을 좀 더 확실하게 전달할 수 있지 않았을까요?

<글쓰기 관련 질문과 첨삭 지도용 글을 보내준 학생들>

남궁호영 박채은 서인혜 손예인 신은지 신지우 윤태인 이슬 이예설 이예준 이채은 이현주 이혜민 조희원 최규하 최정란 한예준 홍민기 ✏️

<글을 잘 쓰고 싶어 하는 마음으로 글쓰기 책을 응원해준 학생들>

강규서 강다윤 강연우 강은호 강익진 강지호 강화진 구수연 구우진 권세안 권춘옥 권태연 김가람 김나현 김나혜 김단비 김도원 김도하 김동욱 김동현 김민규 김민서 김민욱 김민재 김민준 김민지 김민찬 김보민 김선우 김소정 김수연 김수영 김수환 김아람 김여진 김연아 김연우 김영서 김예온 김예원 김예중 김예현 김우진 김유찬 김윤진 김이안 김재원 김정범 김주원 김주호 김진서 김진호 김채민 김태수 김하나 김현성 김현우 김혜진 김호정 김호찬 김희온 나성민 나수민 나승민 남궁하연 남궁호진 노은호 류강민 류규민 박 훈 박나은 박미지 박보미 박서연 박성빈 박성원 박세아 박시연 박연서 박정현 박제원 박조은 박현서 배민서 배현서 백민서 손호준 손희림 송도현 송예서 송윤서 신규범 신나은 신우용 신준범 양선호 양준호 원지윤 원하윤 유명진 유진오 유찬서 윤승후 윤지후 윤치후 이건영 이경민 이고운 이나은 이미은 이서우 이서울 이서진 이서형 이서효 이성현 이승찬 이아린 이연서 이영호 이예서 이윤성 이은서 이인서 이재원 이재윤 이정우 이정원 이지수 이지아 이찬민 이채윤 이현민 이효민 임수현 임아현 임재현 임지민 임지현 장나영 장대한 장민정 장성준 전지원 정기찬 정나경 정서연 정서윤 정예린 정예슬 정예준 정예찬 정지연 정하진 정희도 조선민 조아라 조은재 주시현 주용성 주지연 주한아 최서연 최서윤 최서진 최선재 최성은 최성준 최원호 최윤선 최인재 최정규 최정우 최정훈 최준서 최지원 최현정 추성호 추소민 추승민 추연우 추연재 하정우 한지우 한지인 함지성 홍수정 홍예린 홍지온 홍지우 황규원 황나경 황나희 황서원 황의준 황지후 ✏️

표현과 전달하기 **01**

# 고정욱의 글쓰기 수업

**초판 1쇄 발행** 2016년 8월 31일
**초판 2쇄 발행** 2016년 9월 26일

**지은이** 고정욱
**일러스트** 신예희
**펴낸이** 이범상
**펴낸곳** (주)비전비엔피 · 애플북스

**기획 편집** 이경원 박월 김승희 강찬양 배윤주
**디자인** 김혜림 이미숙 김희연
**마케팅** 한상철 이재필 반지현
**전자책** 김성화 기희정
**관리** 박석형 이다정

**주소** 우)04034 서울시 마포구 잔다리로7길 12 (서교동)
**전화** 02)338-2411 | **팩스** 02)338-2413
**홈페이지** www.visionbp.co.kr
**이메일** visioncorea@naver.com
**원고투고** editor@visionbp.co.kr

**등록번호** 제313-2007-000012호
**ISBN** 979-11-86639-28-3 13800

· 값은 뒤표지에 있습니다.
· 잘못된 책은 구입하신 서점에서 바꿔드립니다.

「이 도서의 국립중앙도서관 출판시도서목록(CIP)은 서지정보유통지원시스템 홈페이지(http://seoji.nl.go.kr)와 국가자료공동목록시스템(http://www.nl.go.kr/kolisnet)에서 이용하실 수 있습니다.(CIP제어번호: CIP2016018444)」

글쓰기 실력은 단기간에 완성되지 않으며
처음 배울 때 즐겁게 배우는 게 중요하다.
그래야 계속 쓸 수 있기 때문이다.
　　　　　－고정욱－

|   |   |   |   |   |   | 움 | 이 | 옴 |
| 사 |   | 는 | 용 |   | 을 | 음 | 용 | 잘못 | 니 |
| 배 |   | 춤 |   | 이 | 겪 |   | , | 고 | 하 |
|   | 을 | 겪 | 기 | 찾 |   | 배 |   | 을 | 종 |
|   | 이 | 문 | 기 |   | 군 | 기 | 배 | 아 |   |

한 문장, 한 문장, 마침표 하나까지 꼼꼼히 쓸 수 있었지요.
원고지 쓰기 도 완성되었습니다.
이제 모든 글이 아이디어 보여요.
모두 따라 생각하며 읽기가 많아질 수 있습니다.

**"정리하며 원고지 쓰기"**

마음에 꼭 드는 문장

내가 제일 좋아하는 작가

쪽수

출간년도

이름

-고정욱-

좋은 책가 살림이 도서관에 들어가기 어려우며
같은 책을 몇 번 해서 읽는 게 중요하다.
그래서 게는 꿈을 꿀 수 있기 때문이다.